台日萬華鏡

栖來光　著・繪

推薦序

同時在「台灣」與「日本」之間的萬華鏡

胡川安

日文的「萬華鏡」，中文稱之為萬花筒，雖然只是簡單的圖形，在鏡子的折射下呈現出大千世界，觀者被其絢爛的造型和色彩所眩惑。台灣和日本的關係，在近現代的歷史上千絲萬縷，錯綜複雜的關係很難釐清。《台日萬華鏡》彷彿鏡子一般，讓我們在書中看到台灣，也看到日本，有點熟悉，又有點陌生。

我和栖來光是好朋友，私底下經常聚會，有時到基隆與曹銘宗「考察」飲食文化，有時請她到我在苗栗獅潭的小木屋散心，還有在很多與日本人相近的團體中遇到。有時招待日本朋友時，總擔心他們會不習慣台灣的文化或是飲食，但栖來光不會，她很樂於接受新的文化，而且對於不熟悉的事情，總是立即查資料，弄清楚來龍去脈。

近幾年來日本作家以「台灣」為主題的不少，但大多數仍以「日本」人的視角。台灣作家寫日本的也不少，但是以「台灣」為主體看日本，像我自己寫了很多日本文化的書，有《和食古早味》、《東京歷史迷走》和《京都歷史迷走》，用「台灣人」的角度看日本。

栖來光的視角不同，她同時介於「台灣」和「日本」之間。出身日本，由於長期在台灣生活，她既客觀，也主觀。客觀的用「外來者」的角度看台灣，但因為生活在這裡，有時會顯現「主觀」的偏好。

太過「客觀」的文化書寫冷冰冰的，沒有感情，但帶著「主觀」的筆法則會讓這本書充滿感情，同時具有理性與感性。栖來光寫台灣，同時也關照日本，穿梭在兩者之間。

除此之外，栖來光用女性的視角，親身感受並且分析台日社會在性別文化上的差異，透過自身的育兒過程，進而思考百年來日本太太在台灣的生命歷程。從公共交通上的讓座文化，也可以爬梳出兩國內在文化的差異。

在性別議題上，最值得台灣人驕傲的就是同性婚姻合法化的問題，這也讓栖來光看到台灣對於各種族群的包容與關懷。由於台日同時面對人口減少和高齡化的問題，透過在台灣的生活經驗，栖來光從台灣的外籍幫傭思考日本人對於移民者的想法。

在文化分析以外，栖來光非常認真地找到台灣與日本之間歷史的連結，日本最早的和牛竟然和台灣有關係，台灣的「山本頭」究竟是日本哪個「山本」？太多太多有趣的議題，竟然是我一個歷史學者看完這本書之後，讚嘆地說：「原來如此啊！」

從栖來光的書中，看到一個我熟悉卻又陌生的台灣，那是一個同時介於「台灣」與「日本」間的獨特視角，我學習到了很多，而且感受到栖來光對於台灣的愛，同時也讓我們知道台灣的獨特之處。

（本文作者為作家、中央大學中文系教授）

序

我為何以「台灣」作為書寫、思考對象

栖來光

據說「日本」這個名字，意味著「旭日之本」＝「朝陽升起的地方」。這個說法出自西元六〇七年聖德太子致函隋煬帝的國書，當時他是推古天皇的攝政。根據《隋書》記載，該國書上記載著「日出處天子致書日沒處天子無恙云云」。

這段文句中的「日出」、「日沒」有什麼意涵？長期以來有許多議論，我想針對「日出之處」，也就是「太陽升起的方位」進行討論。所謂旭日東升，正因為觀看太陽的人，所處位置在西方，觀察者如果從日出的東方看過去，無法從自己所處的角度，確定太陽升起。換句話說，「日本」這個國名的由來，是從位於日本西方的「他者」角度才成立的。這也意味著，日本從一開始就毫無疑問屬於亞洲，東亞的鄰人，正是讓日本之所以成為日本的「鏡子」。

隨著 DNA 研究的進步，日本人起源的分析也不斷進展。目前的主流見解是「出自南島的『繩文人』與出自大陸的『彌生人』，兩者的混血成為日本民族的起源」，這個最早的假說，其實與台灣有很深的關聯，但鮮為人知。

身為人類學者、醫學者的金關丈夫（かなせきたけお，一八九七～一九八三），戰前為台北帝國大學醫學部教授，對於台灣原住民等南島民族的骨架體型非常有研究。後來，山口縣「土井之濱遺跡」出土，同時出現了大量的彌生人和繩文人的骨頭，金關教授的這些知識發揮了作用，發現彌生人其實是有別於大陸系統的人種，顛覆了當時既存的主流見解：「繩文人→彌生人→現在日本人」的進化論。這個例子正說明了，透過台灣可以重新去理解「何謂日本人」。

除了追溯考證，透過與台灣比較，更加看清日本現代社會面臨的許多問題。例如性別問題，從女性就業到大相撲比賽的女性忌諱、東京醫科大學入學考試男性一律加分等弊病，浮上檯面的問題儘管多樣，但多基於「女性就是應該如何」的刻板印象。日本性別研究者指出，這些性別觀念並非固有，而是明治維新後「被發明的傳統」，用以作為統合國民的意識形態。台灣雖然也因日本統治而經歷了「近代」，但今日台灣，無論是女性的社會發展，或是對於性的看法，都有更豐富的多樣性。我們可以從「性別落差指數（Gender Gap Index, GGI）」清楚看出台日的差距。根據二〇二一年的性別落差報告，全球一百四十四個國家當中，台灣指數約為三十八名，日本則位居一百二十一名，大幅落後。

今後的日本，將面臨人口減少、超高齡化，以及國際社會的複雜化，如果不能將「日本就是應該如何」的刻板印象去除，恐怕也很難解決問題吧。擺脫刻板印象，就是讓自己有能力自在地變焦，去直視不同層次的異質性。

「我栖來光，是個日本人，更是一個女性、東亞人，還有最基本的是生而為人。」如果思考能如同聽廣播那樣，隨時都能調轉頻道，自然就能聽到各式各樣的音樂或故事。逐一用心傾聽，我們或許就能體會出嶄新的思考方式，去面對諸如慰安婦問題等國際紛爭，抗衡那些因國家認同的素樸情感而變質的暴力性權力。

嬰兒透過與周遭世界互動，慢慢明確區分自我與他人的不同。與此成長過程相同，「國家」的存在，也是透過與他國的交往，逐漸形塑國家的輪廓。「台灣」這個日本近鄰，具有歷史的複雜性與豐富的多樣性，從不同角度凝視，「我」方的陰影也會映照出來，指引我們未來的方向。這是我為何持續書寫、思考「台灣」的重要理由。

目次

台灣在新冠肺炎問題上教我的事：對弱勢族群的同理心是成爲眞正「先進國家」的關鍵

■確診數0的一天

二〇二〇年四月十四日晚，台北市地標之一的圓山大飯店點亮了客房燈光，外牆顯現出ZERO的字樣。

總確診人數—429人、新增確診人數—0人、死亡人數—6人（截至二〇二〇年四月二十八日）

新型冠狀病毒肺炎（COVID-19，以下稱新冠肺炎）疫情在世界蔓延時，欣聞台灣

新增確診人數0人的好消息，這個燈光，是嘉許和慰勞一直以來辛苦付出的人員。0這個數字，讓台灣民眾強烈感受到「被守護著」的安全感，感受自己與社會確實連結，牽一髮而動全身，很多人參與其中，像是被強大的信賴感包圍著……。

我身為居住在台灣的外國人，即所謂的少數族群；雖然持有配偶簽證，但沒有台灣國籍。即使如此，我仍覺得自己是這個共同體的一份子。當個體的圓不斷往外伸展，形成疏而不漏的社會，讓人不致於陷入孤苦無依的狀態。雖然有點誇大，但這感覺，或許是我有生以來初次體驗的，甚至覺得世界比起過去，更加美麗、更令人憐愛。在全球肆虐的新冠肺炎，縱使不能掉以輕心，但現階段成功控管新冠肺炎的台灣，讓我看到不一樣的風景，尤其面對弱勢族群的態度。

英國廣播公司（BBC）的新聞節目《新聞之夜》主持人艾蜜莉·麥特莉絲（Emily Maitlis）說：「很多政治家說新冠肺炎病毒在有錢人和窮人的面前是平等的，這種說法很傲慢。事實上，低收入者是受感染的高危險群，這是公共衛生問題，也是社會福利問題。」有報告顯示，美國很多州或地區，黑人確診人數的比例明顯較高，因為貧困帶來糖尿病、心臟病、肺病等影響，以及醫療差別待遇，和無法在家遠距工作（telework）的人較多。

在現今的台灣，每個人比較平等地受到保護。舉口罩為例，不分貧富老少，大家都買得到醫療口罩。

夜市和攤販照常營業，公立美術館和博物館，在消毒和入場人數限制下，持續開放參觀，學生們每天充滿活力地到學校上課。特別是教育，受貧富差距和家庭環境的影響甚鉅，如果無法上學，必須在家自學，網路環境或學習意欲的差異，將嚴重影響孩子的未來。此外，台灣在二〇一九年通報的家庭暴力（DV）案件，共計十六萬零九百四十四件，其中虐待兒童占了二萬零九百八十九件，如果沒有學校，許多孩子將終日暴露在受虐的危險中。

台灣執行徹底的邊境管制及封鎖措施，因而有效地控管疫情。居住於此，讓我深刻體會在傳染病流行期間，盡可能提早圍堵，讓資訊公開化，與整個共同體建立信賴關係，是非常重要的。即使會付出昂貴的社會成本，但若拖延處理，使整座城市必須封城，損失將無法估算。因台灣政府的先見之明，弱勢族群被感染的危險也相對降低。

有關新冠肺炎的因應措施，台灣在世界上獲得極高的評價，很多媒體認為有幾個原因，包括因為和中國的緊張關係，對WHO（世界衛生組織）不過度信任，並尋求獨自的對策。此外，基於過去對抗SARS（嚴重急性呼吸道症候群）的經驗，無關人事酬庸，依據能力延攬專家入閣，並尊重其專業。不管是哪個理由，都有道理。但我認為根本的原因在於台灣一路走來的歷史經驗，都活用在這次防疫行動中。

對弱勢族群的同理心

台灣的宗旨是什麼？當 WHO 秘書長譚德塞指責台灣，宣稱「遭受來自台灣的種族歧視攻擊」，蔡英文總統回答：「台灣向來反對任何形式的歧視，我們長年被排除在國際組織外，比誰都知道被歧視和孤立是什麼滋味。自由、民主、多元、包容，是台灣人堅信的價值，想邀請譚德塞訪問台灣，就能了解我們對防疫的努力。」從這高格調的反駁內容，即可窺見端倪。

台灣樹立如此價值觀的路途，其實是遙遠、崎嶇且險峻，長達五十年的日本殖民統治，一九四五年後受國民黨統治，因爆發二二八事件而實施戒嚴令，經歷「白色恐怖」時代，許多無辜的人因政治壓迫遭逮捕、處刑。一九八〇年代受高漲的民主化運動影響，一九八七年解除戒嚴令，一九九六年實施總統直接選舉。一路走來，終於實現了「台灣人的人民自決權」。

經歷三度政黨輪替的台灣，培育出透過投票的「檢驗功能」。如果被選出來的領導者濫用權力或有重大缺失，選民會進行大規模的示威遊行，並透過罷免或選舉投票，毫不留情地將其拉下台。

與民主化一起成長的，是長年受壓抑的女性、原住民和性少數（LGBTQ）弱勢族群的權利運動。二〇〇五年，增修憲法條文導入保障女性立法委員名額的比例制（占立委席次大約三成的比例代表制裡，各政黨必須推派半數以上席次的女性擔任不分區立委），提高女性立委的比例；原住民運動高聲疾呼「沒有人是局外人」，將所有天災人禍和不平等視為「自家事」，也孕育了相互靠近、伸出援手的精神，並體現於發生東日本大地震時，台灣捐給日本巨額援金之義舉。

二〇一九年，台灣成為亞洲第一個在法律上承認同性婚姻的國家，而表示男女差異的性別差距指數（詳行政院性別平等會網址）則是世界排名第四十名前後（日本是第一百二十一名）。

二〇二〇年一月舉行的總統大選，蔡英文得以連任的關鍵也是「同理心」。二〇一九年香港發生反送中運動，台灣近距離目擊中國在香港、新疆、西藏等地進行的鎮壓、情報管制和人權侵害等，認識到現在擁有的自由，是經濟發展也換不來的，這層認識強化了台灣認同。

也就是說，新冠肺炎疫情帶來的考驗是，共同體能否經常更新價值觀？例如台灣、紐西蘭、德國，這些因應上相對成功，死亡人數較少的國家，有一個共通點，就是都是女性領導者。

並不是女性比較優秀，而是女性能夠成為領導者的國家，比起傳統的性別觀念或習俗，更重視實力和創新思考，關懷弱勢族群，蛻變成更有彈性的社會。蔡政府任用的數位政務委員唐鳳——因為開發口罩地圖APP，在日本一炮而紅——也是其中一例。這些國家實施的各式創新政策，正牽引著世界。

日本行政排除弱勢族群

相較之下，日本社會又是如何看待性別差異和弱勢族群？

暫且不論防疫功過，日本政府緊急宣布全國中小學停課一事，讓許多單親媽媽陷入困境，雖然提供支援給因停課而必須請假的家長，但是在性產業工作的女性，卻被排除在外。性工作者裡，有很多人是單親媽媽，以其收入支撐著貧困家庭。於是，關注改善性工作者勞動環境的自助組織「SWASH」（Sex Work and Sexual Health）立即要求重新審議（順帶一提，台灣的日日春關懷互助協會，也向日本的厚生勞働省提出抗議）。此事凸顯日本行政上赤裸裸的職業歧視，還有排除弱勢族群的一面。

對於收入減少的家庭，支援政策反反覆覆，加深了民眾的不安和不滿。航空公司要求女性機組員（CA）縫製防護服的新聞，讓人感到不合時宜的女性歧視，而且輕視裁縫這項專業技術，招致罵聲不斷。

日本的諸多因應，對人民懷抱的恐懼和困難，缺乏人飢己飢的想像力，和台灣政府形成強烈對比。在台灣，幾乎每日召開記者會，將疫情現況和推估，淺顯易懂地傳達給大眾，並迅速因應。當發現台北酒店女公關確診，隨即下令酒店和舞廳全面停業，並在停業的一個禮拜內，就宣布無條件提供工作人員台幣一～三萬元的緊急紓困補助。

同時，也不忘給大家上一堂性別平等教育課。例如，衛生福利部疾病管制署（CDC）中央疫情指揮官陳時中，親自戴上粉紅色口罩出席記者會，對拿到粉紅色口罩而感到害羞的男童喊話：「粉紅色其實不錯。」

何謂想像力？除了愛，別無其他。當我看到以陳時中指揮官為首，台灣政府的每日應對，再次深刻感受。

世界排除台灣的問題點

蔡英文總統對 WHO 秘書長譚德塞的回應裡，最後一段話充滿啟發。

「相信只有台灣的加入，世界衛生組織的拼圖才會完整。」

人類和物品自由移動的全球化時代，物流無法輕易停止，飛機貨運或船上貨櫃，每天在各地航行，難道病毒不會黏附表面而四處移動？大型船舶或油輪在各國間來去，難道不會發生如郵輪鑽石公主號的船內感染？許多物品依賴進出口的台灣，尚有困難必須面對。

也就是說，不論是哪一個國家成功封鎖了病毒，只要各國腳步不一致，看不到新冠肺炎結束的盡頭，把台灣排除在國際組織之外的世界，就明顯不完整，是「未完成的拼圖」。

同樣的，弱勢族群從社會福利的安全網脫落時，可能使傳染再度擴大。

在我看來，台灣正使出全力向世界呼籲著：「大家都在同一艘船上！」

《BRUTUS》雜誌封面爲何引爆台灣人的反彈

日本雜誌《BRUTUS》的台灣特刊於二〇一七年七月十五日出刊，當期的封面在台灣各大媒體點燃了爭議的熊熊烈火。

《BRUTUS》雜誌在台灣許多追求潮流訊息的族群當中，占有特殊地位，不論是書店、咖啡店，或是各種文創據點，幾乎都能看到這本雜誌。對於引領台灣文化潮流的這一代，亦即那些持續攝取日本與歐美文化養分，不斷反思「何謂台灣文化」的人們心中，《BRUTUS》雜誌有其無可取代的重要性，也讓這次爭議備受關注。

台灣日常街景躍升日本知名雜誌封面

那張封面照片是台南知名美食街「國華街」的街景。

以往日本雜誌推出的台灣特刊，頂多將重心放在「食物」或「熱鬧市區裡的人群」，然而本次的主角卻是「街頭氛圍」，因此產生了一些質疑聲音：

「特地選用這張路邊停滿摩托車，行人只能走在馬路上的照片當封面，就像是要大聲張揚台灣民眾的水準有多低落似的，實在丟人現眼。」

「台北市內各項規章完備，才看不到這麼糟糕的街景。」

「不應該特地挑鄉下地方來當代表。」

「這本雜誌之前的倫敦特刊或紐約特刊都拿『高塔』當主角，爲什麼換作台灣卻不選『101』呢？」

「把台灣跟粗糙劃上等號，難道不是一種歧視嗎？」

……諸如此類。

面對這類反對聲浪，網路上也有不同意見，正反交鋒。

「這本來就是我們自小長大、熟稔的環境，根本沒什麼好丟臉的。」

「雜誌懂得欣賞台灣的美好。」

「難道 101 大樓就象徵了哪種台灣文化嗎？」

台北以外的人諷刺地將台北稱為「天龍國」（語源來自於日本動漫《海賊王》），不難看出台北與其他地區的城鄉差距。也因此，這場封面之爭甚至衍伸出「首都台北對上鄉下地方」的論調，使爭議愈發延燒。

雜亂不羈、恣意隨性的台灣印象

接下來，且讓我暫時離題，容後再談《BRUTUS》的封面問題。有些對舊時台灣知之甚詳的日本人常說「以前的台灣更奔放不羈、充滿活力，有趣多了」，或是「現在台灣愈來愈整潔，真沒意思」，每當聽到這樣的說法，我心中總會湧現疑惑。整潔畫一的現代化發展與保留地方特色的拉距戰，該如何找到平衡點，始終是城鄉現代化的一大課題及爭議。

期盼生活過得更「舒適、健康、便利」本是人之常情，把不夠先進處當「有趣」賞玩也純屬個人嗜好，但希望承受著生活中諸多不便的人能夠「保持不變」，只是短暫旅人的願望吧。同樣的，那些「有昭和情調」、「好懷舊」、「身心療癒」的感慨也只是個人感觸，多數情況下，被如此解讀的對象可能只覺得：「呃，不，那不是我想要的。」

事實上，台灣的確有學者專家把這陣子日本雜誌掀起的台灣熱，看作是「後殖民主義」、「東方主義」的延長或者變體。即便不是每個台灣人心中都這樣想，無庸置疑已觸及了相當敏感的部分。

那麼，究竟台灣人為何變得如此敏感呢？

「台灣最美的風景是人」這句話為何惹議

有一句從二、三年前開始流行的話：「台灣最美的風景是人。」這便是個最明顯的例子。我想一併討論針對這句話的反論：「台灣最美的風景是人，但最醜陋的風景同樣也是人。」

「何謂台灣？何謂台灣人？何謂台灣文化？」如此的大哉問經常縈繞在台灣人心中，以致不停地思索、感嘆、糾結著：「究竟什麼才是台灣的驕傲？」

好比說，即便是在Facebook上，我的台灣朋友也總是正經八百地討論、轉發各種「如何讓我們的環境與文化更好」的議題。台灣人非常熱愛去日本旅行，接觸日本文化與其便利性後，又感到自慚形穢，反思「為什麼台灣辦不到」。我深覺台灣人對日本的喜愛，是一份相當複雜的情感。

因此，日本人心目中「台灣好親日」、「好懷舊」、「好療癒」這類天真單純的感想，都挑動著台灣人內心極敏感的部分。一般觀光客也就罷了，具影響力的日本媒體從業人員，應該對於這樣的現實，再多一分體認才是。

自己的封面自己做！

雖然說這場爭議的確始於《BRUTUS》的雜誌封面，但我認為，與其說《BRUTUS》封面出了大差錯，無寧是原本潛伏的「火種」導致星火燎原。

不過，勇於討論總好過粉飾太平，且整場爭論朝著有意義的方向推進。在我心中，這樣的過程正是「台灣最美的風景」。至少，對於如何努力也無法撼動現實，姑息現狀的日本人來說，不厭其煩地對話思考、認真嚴肅的台灣朋友，非常耀眼奪目。

爭議延燒後，立即引發「自己的封面自己做！」的熱潮，各種供人仿效《BRUTUS》封面或古早味台灣雜誌的封面製作 APP，瞬間席捲台灣各社群網站。台灣人深具即時性的幽默感，總是讓我敬佩萬分。

我也買了這本掀起話題的《BRUTUS》雜誌，發現它的內容相當充實，是一部極佳的台灣旅遊指南。雜誌內容不僅值得推薦給來台旅遊的日本人，更有著滿滿的企圖心，想告訴台灣人：「日本人感受到的台灣，真的非常非常美好喔！」這個封面來自於台灣年輕人在美感上最為信任的日本雜誌，所以備受關注，並引發強烈反應。我由衷盼望此事成為契機，日本媒體推出「台灣特刊」時，能多方思考，讓日本社會更加理解台灣。

這篇文章是面向日本讀者所寫的，刊登時得到非常多回響。不少台灣朋友說「覺得那封面很不錯」，或許現在這麼想的人更多了。這可能是台灣人心目中「台灣魅力」越來越豐富的證據吧。

台灣是映照出日本的鏡子：思索台灣「核食」進口問題

在福島地方小鎮觀光留宿的美好體驗

在一片彷彿綾羅綢緞的絢爛秋錦中，電車穿過精緻的鐵橋行駛而去。

這條鐵路，是JR東日本只見線，始自福島縣會津若松市，直抵新潟縣魚沼市的小出站。沿途能一覽流經會津地區的只見川溪谷，每逢秋紅與初夏新綠之際，更是名聞遐邇的覽勝之地。住在台北市的徐嘉君表示，她從一本台灣出版的旅遊雜誌瞥見只見線的照片，心裡就想：「我一定要去這裡看看！」於是，她在二〇一五年十一月中旬，趁著紅葉時節，造訪福島。

嘉君在台北市內經營美甲沙龍，創業至今八年，或許是她的精湛技術與開朗性格所致，沙龍生意非常好，光是預約客人就已應接不暇。也因為從事這份工作，嘉君對於日本的流行資訊相當敏銳，店裡也擺了好多日本雜誌。她至今已赴日旅遊超過十次，平均一年會去日本一兩次。

二〇一五年，嘉君首度造訪福島。回想當年，當她說出自己的旅遊規劃時，身邊每個人的反應不外乎都是：「妳要去給輻射污染嗎？」

「我一點都不在意輻射污染的事。更何況，大家都不知道其實福島縣範圍很廣，會津若松距離沿海地帶，也就是核電廠事故的發生地點，其實很遙遠，反而距離靠日本海的新潟縣更近一些。最重要的是，當地民眾一如既往地生活，我不覺得光去那裡幾天會產生什麼負面影響。」

嘉君跟一位同行的朋友，一起從東京出發到青森，然後往南，到福島縣會津若松市，留宿一晚後，隔天造訪同縣的大沼郡三島町，那裡有他們的目的景點「只見川第一橋樑」，之後再折返東京。十天下來，排滿各樣豐富的行程，其中在福島縣內停留的日子雖然只有兩天一夜，但包括與當地居民交流的種種，都在他們心中留下相當深刻的印象。嘉君把擺放在店門口裝飾的紙板拿給我看，手工製作的招牌上寫著「營業中」，據說是那次旅行中碰到的當地居民贈送的禮物。

「在大沼郡三島町，途中經過一間店鋪，由老闆娘經營理髮店，老闆則在一旁販售手寫招牌。我們雙方用拗口的日文與英文交談，過程相當開心。三島是個很小的城鎮，但下了非常多工夫，試圖讓遊客玩得開心愉快。」

民眾對政府與食品大廠的控管失去信心

東京電力福島第一核電廠事故之後，除了清酒之外，台灣全面禁止產自福島縣等臨近五縣的食品進口。不過，有鑒於近年，這些產品都未檢驗出污染，歐美與亞洲各國已先後放寬進口管制，只剩台灣與中國依舊維持全面禁令。目前，中國也朝放寬禁令的方向運作，使得應配合國際社會腳步的議論，在台灣愈演愈烈，形成所謂「核食問題」爭議。

在日本，「台灣親日」的想法根深柢固，因此多半傾向將台灣的進口管制措施歸咎於政治問題。的確，新聞報導顯示，蔡英文政府從上任初期，就不斷嘗試放寬管制，相形之下，在野的親藍政治人物與媒體，則往往同聲表示反對。

然而，這件事真的是政治問題嗎?詢問親友，且觀察社群網站的反應後，我反而覺得，台灣人的反對態度背後，還有更複雜的背景因素。

其中，台灣民眾覺得由政府主導的檢驗不值得信任，這點恐怕是一個最關鍵的因素。這幾年台灣頻頻傳出所謂的「食品安全問題」，諸如在澱粉食品中混入大量有毒添加物的「毒澱粉事件」；知名食用油大廠多年來組織化地使用回收油的「黑心油事件」；食品中混入塑化劑等工業用有害物質等等，各種問題層出不窮。這類社會問題不光導致廠商信用下滑，也讓人們對長年放任這種狀態蔓延的政府，更加不信任。身為一位在台灣養兒育女的母親，的確感到不安，很能體會台灣民眾「真不知該相信什麼好」的無奈心情。

除此之外，一位曾經留學日本，日文說得很流利，也有很多日本朋友的台灣友人對我說：

「我在核電廠事故後去過東京，曾經看到福島產的蔬菜與海產在超市裡廉價販售。坦白講，我心裡的確覺得，連在日本都得壓低價格才賣得出去的東西，為什麼要來賣給台灣人。」

這位朋友平常總是盡量透過科學證據，對事物做出理性判斷。從政治面來說，他是支持「綠營」的台灣本土派。現在，就連這位朋友都對放寬管制抱持懷疑。在疫情之前，每年幾乎都有超過四百萬的台灣遊客造訪日本，也就是說，對總人口二千三百五十萬人的台灣來說，平均每六人當中，就有一人去過日本，而長年旅居日本者或留學生也不少，換言之，許多台灣人是親眼目睹、親身感受日本的現況。因此，對日本在物理與心理距離上的「親近感」，恐怕也是「核食問題」的背景之一。

同樣的產品，在日本國內的品質優於出口國外的心理觀感

台灣人對於進口食品的不安，跟日本人心中的不安，兩者有如照鏡子一般。每人心中各有不同的猜疑與印象，至今仍影響著消費行動。筆者回日本時，在量販店裡看到，五十年前遭受污水公害的周邊地區所釀造的日本酒，迄今仍以驚人的廉價銷售，即便公害已完全解決，人們心中所創的「風評被害（不實謠言）」，威力依然驚人。

除此之外，尚有其他讓人不信任的因素。

「我個人並不認為有什麼太大影響，可是，我也能體會持反對意見的人的感受。比方說，有朋友請我在日本幫他買香菸，我說我會在機場免稅店買，結果他希望我在當地買，不要買免稅店的貨；理由是，賣給日本國內的菸，比專門賣給外國的菸更好抽。也有很多台灣人認為，像腸胃藥『若元錠』這種台灣就買得到的常備藥，還是日本國內賣的效果比較好。」前文提及的嘉君如此說道。

這些說法其實是空穴來風，並沒有證據顯示日本把劣質品進口到台灣，然而這樣的印象似乎不是一朝一夕間形成的。

「好比說香蕉，有人說在日本吃到的台灣香蕉，比在台灣的好吃，而我自己也有過類似感受。或許只是我個人這麼認為，台灣人一直覺得，『品質好的東西都出口到日本，只剩下品質不好的留在台灣』，這樣的想法演變為某種受害者概念，覺得日本會把品質低劣的東西往台灣送。」我的另一位朋友這麼說道。

也許，是因為日本擁有較好的催熟技術，讓香蕉更加熟成，但也僅是一個假設。對他人的印象，多半由過往細小經驗，包括誤會或深信不疑等，累積而成。血親、家人、情人與朋友等，當彼此之間的距離愈近，便容易產生一種繁複的陰影與印象，或許國與國之間的關係亦然。

核食問題成為日本對台關係的嚴苛考驗

「台灣很親日」，這是日本頻繁出現的說法，但「親日」並非蓋個章就定調的。台灣人對日本的感情多樣而複雜。其中不乏良好的印象，諸如親近感、熟悉感、工作態度，以及對日本製品的信任等；相對的，也有不少負面印象存在。

從日本殖民時代開始，到戰後日本與中國建交並與台灣斷交，日本社會長期以來看不見台灣的存在，直到東北震災後才重新「發現」了台灣。這段期間，台灣一直在日本身邊觀看，一點一滴累積各種印象。說台灣很「親日」，不過是粗略審視種種印象時，正面觀感較顯著之故，「核食問題」讓台灣民眾備感威脅，其實乃因上述反動所產生的不安，認為「日本可能為了保護自己的國家而犧牲台灣，到時，台灣政府也許不會保護自己的人民」。另外，近來日本大型企業頻頻爆出品管醜聞，也讓對日本品質深信不疑的台灣民眾，加深了心中的疑慮。

想著產地的廣大民眾，在生產時費盡心思、小心翼翼，避免產品受輻射物質影響，站在日本的角度，為了不讓種種努力白費，必須透過明確且有科學根據的說明，堅忍不拔地持續推廣，一點一點地拾回台灣民眾的信任，這是關鍵所在。所謂的「核食問題」，是一道嚴苛的考驗，讓日本進一步思考未來該如何面對日台關係。

值得一提的是，嘉君說她後來還趁春節連假時，帶著喜歡攝影的先生再次造訪了福島縣。他們在會津若松住了兩晚，在三島的宮下溫泉留宿一晚，造訪雪景環繞的只見線，和以「茅草屋頂」聞名的大內宿傳統建築保存區，夫妻兩人深受當地美景感動。也與賣招牌的老闆重逢，老闆還對她說：「下次要和先生住我這裡喔。」嘉君如此高興地向我報告與當地的深交，連我也湧起了去福島旅行的衝動。她的經驗，也讓台灣朋友產生興趣，甚至有人實際走了一趟福島。像嘉君這樣，透過經驗激發出更多漣漪，無論他人做何想，重要的是自己如何感受及想像。台灣人的這種堅強，值得日本人借鏡。

最近在台灣，不光是政治問題，越來越多人提出要用科學證據來討論福島核食，我認為這是很重要的變化。然而，對科學根據的信任感，卻因為食品標示假造等而大受影響。這個問題，以政府為首，整體社會都必須嚴正以對。

患難見眞情：
台灣人感激日本捐贈疫苗的另一層意義

緊張地追蹤 JL809 航班動態的人群

「中途會碰到什麼阻撓還說不準，在親眼看到班機抵達台北之前我都不能安心。」疫苗來台的前一天，新聞報導日本正在運送疫苗的消息後，我身旁仍有數名台灣人如此表示。

在「Flightradar24」這個網站上能夠即時看到飛機航班動態，許多日本人可能根本不知道有這個網站，但在捐贈疫苗來台當天，卻不知有多少台灣人（包含旅日台灣人）戰戰兢兢地盯著這個網站，注視著日航809航班的動態。

二〇二一年六月四日下午一點五十八分，日本提供的一百二十四萬劑AZ疫苗終於抵達桃園國際機場，整個台灣歡聲沸騰。台灣每天下午二點中央疫情指揮中心都會準時召開記者會，疫苗抵達時刻正好與記者會時間重疊，可說是最棒的時機。媒體現場直播著疫苗從日航班機裡運出，指揮中心的指揮官陳時中（衛生福利部長）也特地準備了字卡，在記者會上表達對日本的謝意。

班機尾翼上繪有一隻紅鶴，那是日本航空的標誌，我在電視轉播上看到這個標誌時，覺得自己有生以來，第一次感到那個圖案看起來如此可靠。自從新冠疫情蔓延，日本的新聞往往令人失望不已，此次日本政府的應對迅速，實讓我感到驚喜。臉書牆被各種感謝日本的言論洗板，台日交流協會台北事務所也不斷收到表達謝意的鮮花。

台灣的人們之所以如此直率地表達謝意，一部分原因是大家原先便習慣一有想法就立即付諸行動，但我認為，大家歡欣鼓舞的背後其實還隱藏著複雜的背景。

疫苗成為政爭的工具

當疫情緊張時，疫苗在台灣成為政治鬥爭的工具，各種資訊紛飛散布，使得群眾莫衷一是、人心疲憊。

台灣在二〇二〇年因新冠疫情防疫成功，成為「防疫優等生」，一舉聞名國際。蔡英文政府將台灣的經驗稱為「台灣模式」，以「Taiwan Can Help」為口號，積極將台製口罩捐贈至海外，令國際社會對台灣的存在感印象深刻。但其實，對從疫情初期便投入國產疫苗開發的蔡政府而言，國產疫苗的完成才是「台灣模式」的最後一步。台灣政府原先想先進口國外疫苗以提供醫護人員等高風險族群施打，藉以控制感染風險，等國產疫苗完成後，便能依序讓一般民眾施打，進而獲得集體免疫。對台灣情況極為熟悉的媒體人野島剛指出，這便是「台灣模式」的退場戰略。

對被排除在許多國際組織之外的台灣而言，完成國產疫苗可說是至大心願。COVID-19病毒株不斷變異，單進行一季施打，很可能無法應對，因此若能自行開發，便能守護台灣不被國際間的疫苗爭奪戰影響，而且還有機會打進國際市場。當台灣向德國購買疫苗失敗時，蔡英文總統證實其中受到了中國干涉。國產疫苗對台灣而言，既是盾牌，也是武器，至關重要。

然而，擴散性極強的「英國變異株」卻在二〇二一年五月中旬突破了台灣的防疫網，大大挫折了「台灣模式」的退場戰略。於是，在野黨便針對疫苗不足這點大肆批判；中國方面看準了台灣的弱點，再次提議要提供疫苗，蔡英文政府拒絕了，便被抨擊是「草菅人命」。不久，許多民間宗教團體與大型企業紛紛表示：「如果政府不買，我們就自己買來供應民眾。」這又使得疫苗問題演變成「疫苗之亂」，各大媒體乃至社群網站上充斥著許多揣測、流言與中傷言論，甚至還有知名網紅訂了喪禮花籃到疫情指揮中心。

台灣各地都傳出有人確診，使得大家戰戰兢兢地待在家中，感受到極大的壓力。當新聞報導日本擬捐贈AZ疫苗時，雖有人批評「日本把自己不要的東西丟來台灣」，但更多人在疫苗之亂中了解到，AZ疫苗現階段被確認的血栓副作用，發生機率極低，一百萬人裡僅有二人，且對於預防重症乃至死亡風險，依舊具有相當大的正面效果。日本的疫苗便是在這個時機點送到台灣的。

社群網站上充滿感謝聲浪

我的一位友人說：「我想和所有認識的日本人道謝。」而LINE的群組裡也傳來了「大家快到台日交流協會臉書留言，日本捐一百二十四萬劑疫苗，我們就道一百二十四萬聲謝！」的活動，我的臉書上也有好幾十個台灣朋友留言「謝謝日本！」對於這些現象，其實有些慚愧，畢竟我對於捐贈疫苗一事並沒出任何力，也無法代表所有日本人，不過是剛好身為日本人罷了。但是，一心想道謝的台灣人的心情，我也深深理解。

前些日子，採訪某位長年在台灣政府擔任要職的人士，他表示：「台灣人經常對自己沒自信，所以當防疫措施做得好，受到世界肯定，帶給台灣人不少信心。」這句話令我印象深刻。我向台籍先生轉述這件事時，他說：

「自己的國家被全世界當作不存在，友邦一年比一年減少，這種身為台灣人的不安與悲哀，沒有經歷過的人是不會明白的。」

透過這段話，讀者或許可以想像，好不容易因防疫成功而獲得些許自信的台灣人，在疫情爆開之後，該有多麼沮喪了。

日本透過地震賑災善款「重新發現」台灣

台灣於一九七一年退出聯合國，一九七二年與日本斷交，此後便在國際社會上漸趨孤立，民主化之後，在各種場域都可說是孤軍奮戰。從前SARS流行時，台灣也得不到WHO（國際衛生組織）的即時資訊與援助。中國人民共和國不斷對所有承認中華民國（台灣）的國家施壓，逼迫他們與台灣斷交，那些碩果僅存的邦交國，至今仍幾乎年年傳出斷交消息。開始從事文字工作後，常有朋友對我說：「謝謝妳把台灣的事傳達給日本知道。」每次都讓我感受到台灣人的孤獨，因而相當難過。

日本在戰前曾對台灣進行過五十年的殖民統治，與台灣的關係非比尋常，然而在台日斷交之後，日本關於台灣的報導便日趨減少，有很長一段時間，台灣的存在被日本遺忘，即使在二〇〇〇年以後，仍有許多日本人對台灣印象不深，更有人以為台灣位於「中國的某處」，或和泰國搞混。許多因留學或旅行前往日本的台灣人，遇到這類無知的日本人，都只能曖昧微笑，早已習慣了不多說明。

然而二〇一一年東日本大震災時，台灣人捐贈鉅額善款，使得日本重新發現了台灣這個溫暖的鄰居。在那之後，每當有災害或意外事故發生，台日之間總會互相支援，友誼也與日俱增。前往台灣觀光或留學的日本人，乃至日本國內與台灣相關的電視節目、新聞報導和書籍，也都有所增加，我感覺日本對台灣的歷史與文化，有了更深一層的理解。

以「自由、民主、多元、包容」價值前進的台灣

而這次，不只是我「感覺」而已，事實真的如此，許多台灣人實際感受到台灣並

不孤單，台灣有困難時，真的有朋友願意伸出援手。台灣人傳送的許多訊息裡都有「患難見真情」這句話，這種喜悅，其實比疫苗本身更能鼓舞台灣人的「心」。這是我的感受，也非常開心能和台灣的家人與朋友分享這份喜悅。我想對所有促成此次疫苗捐贈的台日雙方人士，致上最高謝意。

在台日關係史上，本次疫苗捐贈是一個重要里程碑，但開拓出這條道路的，正是台灣人的真心。台灣人在多樣的文化交融及複雜歷史裡，摸索出「自由、民主、多元、包容」的普世價值，正因為台灣是一邊煩惱一邊前進，國際社會才更想與台灣連動、攜手同行。今後的路途想必依舊多舛，作為在台灣生活的一份子，我衷心期盼能與台灣共度難關。

你忘記了嗎？還是害怕想起來？：看台灣電影《返校》思考如何直視歷史

「能真誠地直視歷史並做出反省的勇敢國家，一定會有未來。台灣能出現這樣的作品，我想未來的台灣一定不會有問題。」

這是我看完電影《返校》後率真的感想。這部令人驚豔的作品，在二〇一九年「金馬獎」中獲得十二項入圍，且在上映後短短兩週便接連打破台灣電影的各項票房紀錄。獨樹一格的《返校》改編自台灣獨立製作的遊戲，描繪一九六〇年代，也就是白色恐怖（政府對人民的暴力鎮壓）正盛時的台灣，某間高中的讀書會因為閱讀政府禁書而招致迫害的事件，是一部奇幻驚悚片。

以白色恐怖為題材的商業電影

故事場景在一九六二年，一座位於山間的高中「翠華中學」。名叫方芮欣的高中女學生某天在教室裡從睡夢中醒來，卻發現整座學校空無一人。她迷茫地走在已徹底荒廢如廢墟的校園，途中遇見了對她抱有好感的學弟魏仲廷。兩人試著離開學校，卻怎麼也走不出去。之後，隨著故事發展，他們一步步接近過往事件的真相，接近那場在學校爆發的政府對反體制派的迫害事件，以及點燃事件引信的告密者身分。《返校》導演徐漢強出生於一九八一年，曾在二〇〇五年成為有台灣艾美獎之稱的「金鐘獎」最年輕的導演獎獲獎人。領銜主演的王淨，則是從國中便開始創作並出版小說的才女，透過本片引發外界熱烈的關注。

自從《悲情城市》（一九八九年，導演侯孝賢）、《超級大國民》（一九九四年，導演萬仁）之後，真切描繪二二八事件與戒嚴年代白色恐怖主題的電影作品，已經銷聲匿跡了二十年以上。另一方面，同樣經歷過日本殖民時代，且戰後情況也跟台灣相去不遠的韓國，則有以光州事件為題材的《我只是個計程車司機》（二〇一七年），還有描繪軍事政權下鎮壓活動與民主運動的《一九八七：黎明到來的那一天》（二〇一七年）等；取材於民主運動的娛樂性電影作品，接連在世界各地寫下優異的票房成績。

正因如此，台灣也有議論聲浪出現，質疑：「為什麼韓國可以，台灣卻沒辦法推出以二二八事件或白色恐怖為題材的商業電影？」面對這些聲音，這一次的《返校》，可說是台灣電影透過拿手的驚悚路線，給出了一記結實的回應。

當我去看這部片時，電影已正式上映超過兩週，即便如此，影廳湧進的觀眾，依然令人不敢相信這部片正在台北幾乎所有的電影院裡以每隔一個小時的頻率輪番播放。台灣製作的電影能有這麼驚人的榮景並成為社會現象，自二〇一一年描繪霧社事件的《賽德克巴萊》（導演魏德聖）之後，就再也沒有出現過。除此之外，《返校》在國高中生等年輕世代中獲得壓倒性支持，更是特別值得一提的事。

由於本片的電影分級訂為「十二歲以上輔導級」（十二歲以上可觀賞），因此和點燃台灣驚悚片熱潮的《紅衣小女孩》與《紅衣小女孩2》（十五歲以上輔導級）相較，其怪誕程度與嚇人指數都更加輕微，因此對怕看恐怖片的人來說門檻也更低。或者該說，這當中似乎扎實地反映著製作團隊的期望：「調降分級指數，就是希望青春期的孩子們進場觀看。」因為這部作品最重要的訊息，就是「請不要忘記如今我們擁有的自由與民權均非與生俱來，而是許多人的犧牲換來的」。

直視權力與遺忘機制的掛勾

筆者以前曾專文討論過台灣驚悚片的熱潮。

這陣子在台灣吹起的驚悚作品與妖怪熱潮，就像日本曾在明治年間孕育出柳田國男的《遠野物語》那樣，透過人們的共同記憶打造出「國民一體感」，進而醞釀出「何謂台灣人」的國族認同精神運動。不僅如此，從這些內容中亦可窺見，未來台灣娛樂作品的走向，台灣人的自覺以及台灣本土視角將是掌握暢銷與否的關鍵要素。

在這層意義上，《返校》固然能定位在前述預測的延長線上，卻也有著超出此範疇的優異之處。那就是，本片處理「歷史認知」的方式，是把導致許多犧牲者出現的白色恐怖年代，視為共同體的記憶，並超越了戰後台灣本省人．外省人之間的省籍情結，試圖與肩負起下一個世代的年輕族群重新分享「自由與民主」的價值觀。

近幾年，愛國心與歷史認知的失衡，在全世界各地越發顯著。好比說，不光是德國極右勢力主張納粹對猶太人的「大屠殺根本不存在」，日本極右派發起的「南京事件與慰安婦問題都是捏造」的主張，也像傳染病般逐漸席捲一般日本民眾，這個現狀令筆者打從心底感到憂慮。

面對歷史是很困難的事，且需要莫大的體力與勇氣。當國力衰退，人們失去經濟與心理層面的餘裕，轉而向國家尋求依歸時，會光顧著把眼光望向正面的遺產，並把總是附隨著愧疚的負面遺產加以遺忘，或者說在假裝遺忘的過程裡，漸漸再也想不起來。

所謂遺忘，是一份時間送給人類的禮物。當我們遇到痛苦難耐的事，或者失去所愛之人時，時間與遺忘便能成為唯一解藥。然而與其藥效相對，當權者利用它巧妙操弄的事例，卻也屢見不鮮。筆者認為，不被操控，不輕易做出判斷，同時透過各種形式不斷探問「為了未來我們應該如何行動」，正是文化與藝術所扮演的角色。

前幾年，紅遍日本以及全世界的動畫電影《謝謝你，在世界的角落找到我》（二〇一六年，導演片渕須直），細膩描繪因太平洋戰爭而逐漸被剝奪的生活，除對其寄予溫厚憐惜外，也據此對「遺忘戰爭的恐怖」做出抵抗。二〇一九年上映，由日裔美籍導演製作的紀錄片《主戰場》（暫譯，導演 Miki Dezaki），則針對慰安婦問題的左右派意見、文化界人士進行訪談，據此檢驗歷史認知，雖然引發了關注，但仍無法消彌日本輿論界的鴻溝，彷彿正視歷史的敘事表達，在日本越來越艱難。

在《返校》一片中，龐然怪物般的國家權力集約成實體，化為怪物的憲兵登場，他們的臉是面「鏡子」，逼迫主角「遺忘」，此景極具象徵意義。「只要遺忘就能解脫」、「讓我來幫你」等等，這些怪物臉上映照出主角自己的面孔，名為「權力」的怪物同時也是每一個國民自己的投影；要是我們忘記了，就會重複上演同樣的事，是本片不斷釋出的訊息。能做出這樣的電影，且能獲得官方補助，都呈現出台灣文化土壤的豐饒富庶，也呼應著本文首段的感想。

以韓國及台灣為借鏡

最後，筆者相信台灣今後也會產出其他饒富趣味的作品，而在官方補助方面，韓國電影振興委員會（KOFIC）的方法則相當具有參考價值。韓國電影振興委員會（KOFIC）中，關於「多樣性電影」補助的各項條件裡，包括下面的例子：

1. 處理的主題複雜，民眾較難理解的電影。
2. 在商業電影的範疇外，處理文化、社會、政治議題的電影。

透過公費，支持票房不被看好的作品，逐步培育創作人才與相關業界。具備多樣性的土壤才能發酵熟成，增添豐腴，繼而綻放出美盛的花朵，近二十年來的韓國電影充分證明了這件事。未來的台灣又會孕育出什麼樣的電影作品呢？相當值得期待。

台灣「本土鬼片」崛起：日台鬼話這麼不一樣！

　　農曆七月是台灣的鬼月，許多鬼片選在此時上映。一直以來，鬼片多以國外電影為主，二〇一六年一部由台灣製作（所謂「國片」）的鬼片《紅衣小女孩》問世，創下亮眼的票房成績，二〇一七年其續作《紅衣小女孩2》也打鐵趁熱推出，成為當年最賣座的台灣電影，就連平常不接觸鬼片的我，也懷著恐懼的心踏進電影院。

從殭屍小子到通靈少女

二〇一六～二〇一七年，台灣掀起一股鬼片熱潮。二〇一七年四月，一齣由台灣公共電視台與新加坡 HBO 共同製作的連續劇《通靈少女》在台播放，故事改編自真人真事，融合校園青春劇與通靈鬼怪元素，掀起熱烈的討論。

故事主角是一名在台北某間廟裡當「仙姑」、擁有通靈能力的女高中生，劇情描述她如何解決接二連三出現的靈異事件。這部片雖然是鬼片，但沒有太過刺激的鏡頭，讓我得以和就讀小學的兒子一起觀賞。全片帶了點驚悚又參雜人生的苦澀，適合大人小孩闔家觀賞，是齣優質的戲劇。

看著《通靈少女》，讓我回想起一件事，那就是當我還在讀小學時，日本電視播放的台灣《殭屍小子》系列電影。《殭屍小子》是台灣參考香港電影《殭屍先生》（台灣譯作《暫時停止呼吸》）製作推出的動作喜劇鬼片，在日本也引爆了空前熱潮。

當時的我和故事主角恬恬年紀相仿，因而十分著迷，還跟弟弟一起模仿殭屍四處亂跳，在額頭貼上黃色符咒玩耍。當年飾演故事主角、美少女道士恬恬的演員劉致妤，後來加入了「松竹藝能」事務所，如今已由美少女出落成亭亭美女，雖然居住在台灣，但仍在日本演藝圈活動。二〇一七年適逢該劇播放三十週年，台灣也推出了《殭屍小子》的數位復刻版紀念DVD。

看著《通靈少女》的我心想，假若這部片有機會在日本播放，就算無法像台灣《殭屍小子》那樣引爆熱潮，也該有足夠潛力帶動起一波話題。

同時，我還發現一件有趣的事。那就是，這三十幾年來在台灣發生的民主運動，以及近年來的台灣本土化運動，恰好貼合這兩部台灣鬼片裡對習俗的描繪手法。

深植台灣民間的妖怪及傳說

台灣的戒嚴令一直到一九八七年才解除，《殭屍小子》在解嚴前夕的一九八六年推出，是以清朝晚期為背景的古裝劇，其世界觀是相當中國、中華圈的。另一方面，當代作品《通靈少女》處在台灣本土意識濃厚的環境中，也就是出生懂事起便自覺台灣是獨立的「天然獨」世代，加上蔡英文政府執政等種種因素，故事以看似平凡無奇的高中女生為主角，取景自台灣各地隨處可見的廟宇，廟裡上演的通靈儀式也跟台灣日常生活中的「拜拜」很相近。同時，劇中大量使用台語（福佬語）這點，也格外值得關注。在《通靈少女》之後，接著引起話題的連續劇《花甲男孩轉大人》裡，領銜主演的盧廣仲操著一口流利台語的演出，也備受各方讚賞。

話題再回到開頭的《紅衣小女孩》，該故事取自於某種誘人踏入山林的魔物，是在台灣民間流傳已久的鄉野傳說。相傳紅衣小女孩外表看來是穿著紅色衣服的孩童，卻有著一身黝黑的皮膚與老嫗般的臉孔。或許有點類似日本人說的「廁所的花子」或者「紅背心傳說」。《紅衣小女孩2》的故事設定中，多起失蹤案件都和《紅衣小女孩》有關，設定在續集裡解開其身世之謎。

《紅衣小女孩》系列的青年導演程偉豪，其前一部作品《目擊者》拍得很好，因此讓自許為台灣觀察家的我，決定還是該去觀賞這部片，於是踏進了電影院。可是原本就不太敢看鬼片，觀影途中更數度被嚇得想要離席回家。在我看來，雖然《紅衣小女孩2》裡的部分畫面相當直接且詭譎露骨，可能不容易被日本人接受，但是全片恐怖指數相當高，不輸給近年大行其道的泰國鬼片或韓國鬼片，完成度已足夠與全球鬼片市場互別苗頭。

其中，自《紅衣小女孩》開始便守護著主角母女的「虎爺」，尤其饒富興味。「虎爺」是台灣各處深山廟宇中祭祀的山神，會在祭祀時附身在廟宇的道士身上，降下天啓給當地居民，地位形同村落的守護神。

台灣這幾年來興起一股「妖怪熱潮」，尤其是台灣當地民間信仰裡的妖怪引人關注，妖怪相關的書籍也大為暢銷。程偉豪導演擅長在電影中揉進「台灣本土」元素，他的上一部作品《目擊者》裡，「台灣烏龍茶」即成為案件的關鍵要素。這次的《紅衣小女孩》系列，也同樣摻入了鄉野傳說以及虎爺等台灣民眾的共同記憶。

重男輕女的傳統觀念

此外，台灣人對於山的恐懼，或許也是一種類似的共同記憶。台灣的山難事件並不罕見。好比說，象山是能將台北風光一覽無遺的著名景點，而位在象山隔壁的虎山卻有不少落難失蹤意外，我甚至看過新聞報導裡出現「虎山食人」的說法。早期，一入山林便有遭遇原住民出草（獵人頭）的危險性，山裡還有許多副熱帶氣候特有的毒蛇與毒蟲，隨處蔓生的姑婆芋也帶有毒性。大多數台灣的山道入口都建有大型廟宇，這也彰顯了台灣人對於「山」的敬畏之念。

另外還有一點，電影主軸的「母女關係」可說是整部《紅衣小女孩2》的故事核心。電影中，透過幾個主要女性角色，再三刻畫母親對女兒，以及女兒對母親的種種情緒糾葛，後來電影也揭開真相，原來紅衣小女孩的真實身分其實就是被母親拋棄而成魔的少女。

整個中華圈普遍有生男孩傳宗接代的傳統觀念，台灣社會也不例外。日本的新生兒男女比例，平均來說若以女嬰為一，男嬰比例則為一．〇五，大致符合生物學的比例。相較之下，台灣的男女比例差距大時，男嬰比例甚至達一．一四之多。一般認為這是由於若在產前驗出胎兒性別為女孩，有的人便會以人工方式停止懷胎而導致的現象。如此對待女嬰的罪惡感，或許就是孕育出「穿著紅衣的女孩」此種鄉野傳說的源流。

附帶一提，日本有種叫「座敷童子」的妖怪，有一說認為，往昔生活困苦的日本鄉間，會為了少一張嘴吃飯而殺嬰，而座敷童子就源自於這些死去的孩子。另外，還有些地區認為穿著白衣的座敷童子是吉兆，穿著紅衣的座敷童子則是災厄的預兆，這點和台灣鄉野傳說有著神奇的一致性。

民俗學、集體意識與認同感

日本具代表性的民俗學者柳田國男的著作《遠野物語》，便是論及座敷童子的名著。書中介紹了河童、天狗以及座敷童子等眾多日本自古流傳，幾乎人人皆知的妖怪。

在那個人人將眼光放諸國外，試圖以西方文明解讀各種事物的明治時代，柳田國男的目光卻望向了「遠野」這個相當純樸的鄉間。美國學者 Ronald A. Morse 在其著作

《對近代化的挑戰——柳田國男的遺產》（暫譯）一書中，指出柳田學說的目的，在於從日本人的共同感受與集體記憶中探尋傳統的根源，試圖以此確立日本國民的一體感。

也就是說，柳田提出的日本民俗學，試圖從妖怪與方言當中，探求「何謂日本人？」這樣說來，我們或許能說這陣子風行於台灣的本土熱潮，如「台灣妖怪」、「台語風潮」等等，是台灣人尋求「國民一體感」的運動，以及思考「何謂台灣人？」的意識表露。

如此想來，我有一股預感，或許將來台灣的娛樂產業裡，台灣意識、台灣本土視角將會成為掌握賣座成敗的關鍵要素。

哀一位愛台灣的日本記者之死

二〇一七年九月十七日早上，因過度驚嚇而呆立許久，原因是看到了臉書（Facebook）的動態上有一則寄給某位友人的發文，內容開頭寫道：「親愛的朋友們，中川博之先生今天凌晨在台北市內發生交通事故，不幸辭世。」

我原本和中川博之先生約好三天後要和共同的朋友一起吃飯，直到前天為止，我們還在LINE和臉書上互傳訊息，聽到這個消息完全不敢相信，總覺得是個玩笑。

意外事故，不幸身亡

中川博之先生是新聞記者，其所屬的報社「西日本新聞」，市占率遍及九州全土。二〇一六年九月起，中川先生以台北支局長身分到台灣赴任，剛滿一年不久，卻發生意外。九月十七日凌晨，他參加了故鄉熊本縣與宮崎縣的聯合縣人聚會，在返家途中，於中山北路上違規穿越沒有斑馬線的車道，在種植行道樹的兩個中央分隔島間，剛跨越第一個分隔島隨即被計程車撞上。平常就和中川有深交的藝術總監岡井紀雄接到警察通知，立即趕往台大醫院，已經是急救不治的狀態了。

「他的表情很安祥，中川看起來就像放心地睡著了一樣。」岡井如此說道，並讓我看他與中川在LINE上的對話。他們約好隔天晚上要一起去泡中川喜歡的溫泉，下面則是岡井在接到警察的聯絡後，立即傳出的訊息。

「聽說你發生車禍了，狀況還好嗎？」「我現在立刻前往台大醫院。」

岡井注意到訊息遲遲沒有顯示「已讀」狀態，心裡變得忐忑不安。在那之後，訊息永遠不會呈現「已讀」了。

在台灣，若是在一百公尺內有斑馬線的道路上，未依規定行走而任意跨越車道是違反交通規則的，肇事的計程車司機沒有過肇事或違規紀錄。根據平常在事發現場附近開車的朋友說：「因為一旦變紅燈要等很久，所以綠燈時就會特別加速前進。」聽起來似乎是很危險的地方。我也到了事故現場獻花，心中是既憤怒又難過：「中川先生，你為什麼要在這個地方跨越車道呢？」直到發生車禍前都還在一起的熊本縣人會的友人表示，中川多少喝了一些酒，但是看起來並沒有喝得很醉。

九月二十日一大早，在台北第二殯儀館舉行告別式，包括五個小孩在內的親人和西日本新聞本社的上司同事們，也從福岡來到台灣。相當於日本大使館的「日本台灣交流協會台北事務所」的沼田幹男代表，日本人會、台北東海扶輪社、縣人會、記者俱樂部等多個團體的代表，以及許多親朋好友都到場參列，當時的台北市觀光局簡余晏局長也現身哀悼。中川先生除了日常的工作之外，也經常為尋找有趣題材，積極在各式各樣的協會或團體上露臉，擁有相當寬廣的人脈，雖然他在台灣的赴任期間才一年，但是告別式上有將近一百人來送他最後一程，也看到不少人頻頻拭淚。中川是位親切溫和而且為人豪邁、充滿男子氣概的人，所以能在此刻被那麼多的朋友圍繞和緬懷。

熱忱敬業的親切長輩

我是在中川所屬的台北東海扶輪社舉辦的例會上認識中川先生的，當他知道我出版了《在台灣尋找Y字路》時，主動向我提議：「下次請接受我的訪問。」

每走一步路就會不停冒汗的炎熱天氣下，我們約在台北古亭站見面，一起走到位於河川旁，日治時代開業的百年料亭「紀州庵」遺址。六月十九日刊登在《西日本新聞》上，標題為〈尋找Y字路的時間旅行〉的文章，就是描述這段小小的漫步旅程。中川以和我的散步為軸，穿插引用書籍裡的片段，完成了這篇優質的「街道漫步散文」。

此外，我也整理出中川在這一年裡發表的文章並且一一拜讀，其中特別引人注意的連載或特輯如下：

太平洋戰爭中，包含台灣人在內，當時有多達十萬人以上的日本人在巴士海峽殞命，爲戰歿者舉辦的慰靈祭奠活動。〈「船の墓場」連結日台〉（二〇一六年十二月二十四日）

在二二八事件中，爲了保護年輕人而自我犧牲的台南律師．湯德章（坂井德章）。〈保護台灣年輕人的日本人〉（二〇一七年一月四日）

在台灣屏東竹田鄉，開設了以日本人捐贈的圖書爲基本藏書的日文圖書館，

促進台日交流。〈日文圖書館　連結起日台〉（二〇一七年一月二十八日）

介紹在台三十年的作家・木下諄一所寫的，以台灣在二〇一一年發生三一一東日本大地震時捐助大筆義援金爲背景的小說『アリガト謝謝』。〈協助災區復興的台灣物語〜把二百五十一億日圓的捐款活動寫成小說〉（二〇一七年三月二十一日）

認識桃園原住民泰雅族的歷史〈原住民的權利　賭上性命的一場戰鬥〉（二〇一七年四月十七日）

由生長於日治時代的台灣人所創立的「台灣歌壇」迎接五十週年，會員們分享了許多對日台關係的想法〈「愛日」短歌　邁向五十年〉（二〇一七年逾月二十一日）

走訪花蓮的日本人移民村・豐田村遺跡〈開墾、克服水土不服的移民村〉（二〇一七年五月一日刊登）

台灣戒嚴期間長達三十八年，是世界最久的。在解嚴三十週年，採訪了台灣各式各樣的聲音。〈台灣　勿忘戒嚴鎮壓的時代〉（二〇一七年七月十六日）

戒嚴下收容政治犯的離島・綠島〈台灣解嚴三十週年〜監獄島見證了鎮壓的

黑暗〉（二〇一七年八月二十一日刊登）

這樣看下來，可知中川在短短的一年裡，是如此精力充沛地走訪台灣各地。我與中川的共同友人，翻譯蔡英文總統自傳的九州大學研究員前原志保如此評價：「只要是不知道的事情，就算語言不通，他也會奮不顧身地飛奔到採訪對象的身邊，充滿了膽識和熱情。」

多面向的報導視點

在日本，自三一一東日本大地震後，對台灣的認知越來越普及，關於台灣的報導也大幅增加，和以前相比，距離瞬間拉近了許多。但是日本人對於台灣的認識，包含台灣的歷史，其深度是否與之成正比，似乎要打個問號。我想原因在於除了「親日」「美食」「復古懷舊」等關鍵字以外，日本人很少有機會談論其他層面的台灣。

我也長年居住台灣，日常生活裡親身感受到台灣人的親切友善，這種感覺在剛踏入台灣時，會誤解為「台灣是打從心底的親日啊！」但是，越是深入越會發現背後的陰影。實際上，不同世代的台灣人，喜歡日本人的理由各有差異，加上多元的民族背景，雖說是「親日」，深層裡卻錯綜複雜，要理解這些包括歷史面的種種因素，是需要花費一番工夫的。而中川在台灣尚未滿一年，卻盡可能站在不同人的觀點，思慮周詳，並且慎選字句，寫成一篇篇的報導傳達給讀者。

例如，關於日治時代初期在台灣東部成立的移民村「豐田村」，他寫道「日本人移民的開墾造成了原住民的生活場所被剝奪，因此遭受到抵抗，他們也為此陷入苦惱」，一邊想像日本人移民的辛勞，同時也考慮到台灣原住民的處境。另外，關於台南律師湯德章（坂井德章）的文章，若光看標題，會單純以為是為日本人的事蹟歌功頌德，但報導中寫道：「只有當上律師才能夠保護那些受歧視所苦的台灣人的人權，因此坂井移居東京，勤學苦讀之後終於通過了司法考試。」明確指出當時存在著日本人歧視台灣人的問題。相對的觀點，是中川文章的共通點。在不到一年的時間裡，能對台灣有如此深厚的理解，相信他做了許多功課，並付出相當多的努力。

心思周密，學習不怠的精神令人動容

在中川發生事故後，前面提到的岡井紀雄第一次造訪中川的住處，房間裡到處都是堆放的資料和書籍；此外，牆壁上還掛滿了台灣各地原住民的傳統服飾，並分別附上了寫得密密麻麻的紙條詳細說明。岡井也提到中川幾乎是每天晚上在辦公室加班到凌晨二～三點。

「我想他被派到台灣工作，希望在有限的期間內，盡可能多做一些事，而且他經常說來到台灣真好。」根據他在日本的家人描述，他最近還因為全身痠痛而特地買了可調整式座椅（reclining seat），想必工作應該很勞累。即便如此，與岡井兩人一起搭公車時，因為中川想把空的座椅讓給老人家或有需要的人，所以幾乎都是用站的。還有，九月二十三日在新北市舉辦了「蔡焜燦先生追思會」，他因為司馬遼太郎的《台灣紀行》一書而為人所知，會場上擺了在追思會前一個禮拜過世的中川所致贈的花籃，和蔡英文總統致贈的花籃並排，這應該是他生前特地去訂的吧，顯出他細心周到的個性。在他過世之後，聽到許多關於他的描述，在在反映出中川是個會考慮他人的想法和立場，並對工作全力以赴的人。

同樣身為文字工作者，我的經驗遠遠不及中川，但站在「傳達」訊息的立場，中川先生令我受益良多。如果有機會再度相遇，希望能夠向他報告：「我做了這個工作，謝謝你當時給我的鼓勵。」認真地把自己該做的事情完成，就是我回報中川先生最好的方式吧。

註：

(*1)玉山社，二〇一七年出版。

日本「佛系防疫」，台灣「洞燭機先」，差異在哪裡？

台灣人對我拋出的疑問

新型冠狀病毒（COVID-19）的感染，目前正在全世界持續蔓延，無論哪個國家，從早到晚都充斥著相關新聞。即使如此，直到鑽石公主號郵輪上的感染擴散消息爆發之前，日本都如旁觀者般，抱有「氣溫升高的話，疫情就會減緩」的期待，甚至瀰漫著一股樂觀情緒。

我住在台灣，身邊有不少台灣人對於日本的慢條斯理感到訝異。一月底的時候，

好幾位朋友和認識的人都問我：「為什麼日本不早點實行防疫政策？」而日本政府的態度，在台灣媒體上被評為「佛系防疫」。所謂「佛系」，源自於日本女性雜誌裡的「佛系男子」，之後成為華語圈的網路流行用語，意指「隨波逐流，閒淡自得，無慾無求的生活態度」。台灣媒體以這樣的用語，揶揄日本政府對應新型冠狀病毒的毫無作為與漫無章法。

台灣針對COVID-19的防疫政策極為迅速

SNET台灣（日本台灣教育旅行支援學者連線）網站（每日更新）以時間軸的方式，比較台灣和日本的防疫政策。根據該網站的資訊顯示，二〇一九年十二月三十一日，當中國武漢市爆發肺炎的相關資訊被通報至WHO之際，台灣的CDC（衛生福利部疾病管制署）已在同一天掌握訊息，並且指示加強檢疫工作。新年過後的二〇二〇年一月三日召開緊急會議，一月四日針對二〇一九年十二月三十一日之後從武漢直航入境的七個航班上的乘客和機組人員，實施檢疫措施。一月七日已將武漢的旅遊警示升高至第一級（警示）。

相對於此，日本政府在二〇二〇年一月五日於厚生勞働省的網站上公布武漢市發生不明原因肺炎的相關資訊，並沒有比台灣延遲多少時間，但是接著一月十五日在神奈川縣發現首位感染者之後，也沒有太大的應對措施，直到一月二十一日才終於首次召開「新型冠狀病毒相關感染症內閣會議」，悠悠時光稍縱即逝。

輿論第一的台灣

台日雙方為何會產生這些應對上的不同？我覺得可以用台日兩國的政治重點不同來解釋。

例如二〇二〇年三月四日中國的國家主席習近平宣布訪日行程延期，日本政府即在同一天決定管制中國旅客入境，此舉極富象徵意義。在筆者看來，日本的政治都偏重追求國際上的體面光彩，一邊觀察他國臉色，一邊推行政策（或是不推行）。

至於台灣，我感覺明顯注重「國民」的意志，因為台灣的選民相當嚴格。蔡英文政府曾在二〇一八年的地方公職人員選舉中大敗，經歷了慘痛的敗選經驗，深知一旦鬆懈，輿論必將緊追不捨，因而處事戰戰兢兢。

也因此，蔡英文政府在二〇二〇年一月順利連任後不久，支持度為百分之五十四，防疫政策滿意度為百分之八十三，顯示出民眾對政府的高度信賴。自己投票選出的政府馬上就發揮高度效能，台灣的選民顯然對此感到滿意。

但日本社會的制度規劃完全不同，若直接仿效台灣的方法，則必須慎重行事。例如台灣因記取 SARS 時爆發醫院內群聚感染的教訓，祭出禁止醫事人員出國的規定，就遭受醫事人員批評為侵害人權。

亦須考慮是否侵害人權的問題

公共衛生與自由及人權，原本就難以兩全。像是碰到狀況就採取封城方式，連居民外出都加以限制的中國，便經常發生侵害人權的狀況。

台灣在疾管署下成立了指揮中心，統籌各部會資源以統整狀況，進而迅速做出決策並付諸實行。由於身分證和健保卡裡載有個人資訊，醫院窗口即能確認個人的出入境資料。

但是在如此管理國民的同時，也須依靠管理者的「道德」來維繫，因為站在權力高位的人，無論何時都能濫用權力。希望大家能了解，在「效率」和「人權與自由」之間維持平衡，是件非常困難的事。

歷經黑暗時代而贏得民主，深知這一切得來不易的台灣人，若發生侵害人權的問題，立刻就會引發成千上萬人參與的抗議遊行，並戒慎仔細地觀察政治動向，也會認真選舉投票（二〇二〇年總統大選的投票率為百分之七十五）。蔡英文政府既迅速又確實的應對措施，搭配上如此「生猛有勁的民主主義」，或許可以說形成了某種良性的循環。

另外，關於影響台日應對措施差異的原因，一般認為還有一項，亦即日本人從來就不關心日本以外的亞洲狀況。

例如，華語圈人們在春節期間的大量移動，將提高傳染病擴散的風險；盡早預測到將發生囤積口罩的情況，必須著手進行口罩增產的相關工作等。如果日本民眾知道即使像新加坡那樣的熱帶國家，感染依然繼續擴散，就不會有「天氣轉熱的話，疫情就會減緩」的誤解了吧。而在NHK為新型冠狀病毒特設的專頁裡，將感染狀況完全不同的台灣與中國放在同一個欄位，也招致台灣人反感。

回顧過去，台灣和香港在二〇〇三年的SARS疫情爆發之際，以及韓國在二〇一五年的MERS爆發時，都曾陷入危機，而如今則將當時獲得的經驗活用在這次的防疫當中；單就此論，日本在戰後未曾陷入那麼嚴重的瘟疫大流行，實在是個幸福的國家。但要跟上人類、語言和疫病都能自由來去的這個時代，日本正面臨著必須有所改變的關鍵時刻。這次新型冠狀病毒的經驗是否成為轉機？鄰近的台灣富有彈性的進步特質，日本應該多加學習。

來自尾道的愛，遙寄給台灣：價値觀相通的地區創生運動

新冠肺炎爆發前的熱鬧市集「尾道的台灣小宇宙」

「前略。來自尾道的愛　遙寄給台灣」

在Facebook的活動邀請上，一開頭如此介紹將在二〇二〇年一月十九日舉行的市集。

廣島縣尾道市以位居瀨戶內海的要津之城而繁榮，素有「坂之街」之名。一走出

JR尾道車站北口，沿著住宅區蜿蜒曲折的石階往上走，即可抵達「松翠園大廣間」。會場內從襁褓中的嬰兒到拄著拐杖的老人家，各種身影錯落，活動當日有超過四百人參加，相當熱鬧。

舉凡豆花、滷肉飯、胡椒餅和包子等台灣小吃，台灣設計師設計的服裝和隨身小物，懷舊雜貨、ZINE（小誌）、手繪燈籠體驗等，六十疊榻榻米（約三十坪）面積的會場上，共有三十個攤位比鄰排列，讓人感受到各式各樣的「台灣」。尤其是小吃美食很快就陸續銷售一空，現場忙到不可開交，但歡樂的吆喝聲此起彼落。大人的入場費是三百日圓，即使是付費入場，人聲鼎沸的程度仍遠遠超乎預期，這場活動的名稱是「尾道的台灣小宇宙」。

主辦單位NPO法人「尾道空屋再生計畫」代表理事豐田雅子，除了號召當地的飲食店，還邀請台灣的來賓設攤、製作傳單、會場佈置等，花了好幾個月進行準備工作，投入滿滿的愛和心力籌備。那個時候，任誰都沒想到幾個月後不只是台日之間，就連日本國內的跨縣市移動都變得困難。

尾道高漲的台灣熱。紀念市政一百二十週年的嘉年華主題也是「台灣」

因小津安二郎導演的電影《東京物語》而出名的淨土寺和千光寺等名剎古寺，今（二〇二〇）年辭世的大林宣彥導演的尾道三部曲《穿越時空的少女》、《轉校生》、《寂寞的人》，都是在故鄉尾道取景。尾道從以前就是熱門的觀光地，開港八百五十年，山腰上櫛比鱗次的住宅和別墅見證了昔日的繁榮。這座城鎮是結合了住慣濱海複雜地形的居民智慧，以及在傳統文化中培養的職人技術的獨特建築物寶庫。

然而，日本各個地域都面臨著空屋增加的問題，尾道也不例外。尾道的房子是沿著車子幾乎無法通行的狹窄街道密集分布，一旦無人居住，也不可能拆除重建，更沒有可利用的停車場，成了重壓在後繼者身上的負面遺產。

直到二〇〇七年「NPO 法人　尾道空屋再生計畫」創設，開始致力於將空屋轉化為地方財產的工作。二〇〇九年，「NPO 法人　尾道空屋再生計畫」受地方政府委託，開始受託「空屋銀行」計畫，展開空屋和申請移住者的媒合，另外也有一間位在坡道上的樣品屋，提供移居體驗。一共參與了十八間富有特色的老屋再生案，例如商店街町屋改造為青年旅館（guest house）的「海鰻的寢床」（ANAGO NO NEDOKO），結合咖啡廳、工房．藝廊進駐的「三軒家公寓」，修復百年歷史茶園建築作為住宿使用，一覽尾道港口風景的「見晴亭」等。

過去曾經作為旅館附設大宴會廳的「松翠園大廣間」，也是花費三年才從廢棄空屋完成修復，而這回舉辦的「尾道的台灣小宇宙」也讓此空間重新亮相。但是，主題為何是「台灣」？依我個人所知，二〇一九年在一片惋惜聲中歇業的尾道拉麵老店「朱華園」，創業者即來自台灣。

我向豐田詢問了有關此次活動企劃的動機：

「不知為何，尾道的人從以前就非常喜歡台灣！」她笑著回答。

國際知名的台灣自行車大廠GIANT捷安特公司曾經推廣「島波海道」（Shimanami Kaido）的自行車旅遊活動、市內的中小學與台灣的交流熱絡、台灣料理店頗受歡迎，而商店街內老字號的茶屋也販售台灣茶，甚至有提供台灣風格活版印刷服務的店舖。尾道掀起的台灣熱潮不斷高漲，就連二〇一八年紀念市政一百二十週年的嘉年華活動主題也是「台灣」。

二〇一五年，台灣知名歌手盧廣仲的音樂MV在尾道拍攝，豐田等人經營的「ANAGO NO NEDOKO」也登場，深深吸引了不少台灣的年輕背包客。直到二〇二〇年的五年間，每年的造訪人數都以台灣觀光客為第一名的「ANAGO NO

NEDOKO」、「見晴亭」兩間青年旅館，也提供打工換宿，有不少來自台灣的應徵者。

台灣也不斷進化的「空屋再生」地區創生運動

我也在市集上設了「Y字路酒吧」攤位，提供金門特產的高粱酒與豆腐乳，還有販賣拙作《在台灣尋找Y字路》以及其他和台灣相關的書籍，針對台灣進行資訊交流。結果《在台灣尋找Y字路》一書銷售一空，高粱酒也頗受尾道愛酒者的好評，大白天就聚集了一群暢飲五十八度烈酒的酒豪們。我的攤位隔壁是陳列台灣懷舊雜貨的盧思蓉，盧小姐曾於二〇一七年春天在「見晴亭」打工換宿，待了一個月左右。

盧小姐初次造訪尾道時的感想是「和自己的故鄉十分相似」。她出生於高雄港沿岸的舊市區「哈瑪星」，當地依山傍海，海面上有遊艇來回穿梭，也有很多日本時代留下來的建築物，但是這塊歷史底蘊豐富的土地，受到人口老化影響，成為空屋不斷增加的港都。她受到尾道「空屋再生計畫」刺激，希望傳達自己故鄉的魅力與歷史給到訪高雄的遊客，於是轉換跑道，在當地旅館工作。

「透過空屋再生，重新發現鄉土，為地方發展注入活力」，近年，抱持如此熱忱的有志之士和相關對策，在台灣不斷增加，彰化縣鹿港的「鹿港囝仔文化事業」就是其中之一。

台灣有諺語「一府（台南）、二鹿（鹿港）、三艋舺（台北市萬華）」，清朝時期曾經是台灣第二大城的鹿港，因不在日本時代興建的鐵道運輸網內，所以一路衰退，榮景不再。但是最近有了一些變化，曾經因升學或工作而離開故鄉的年輕人紛紛返鄉，透過街道清掃活動、歷史建築的保存、修復活動，以促進「地域創生」。

尾道空屋再生計畫的參與者之一，也是台灣懷舊建築風潮的帶動者、在台灣擁有許多支持者的建築師渡邊義孝，在二〇一九年受邀到鹿港演講，看到這些年輕人的活動，受到不小震撼。

這個因為將舊空間出租而再度充滿魅力的小鎮，吸引了年輕世代回流。此外，透過整理清掃活動，從閒置的廢墟，到由彰化縣文化局指定為歷史建築的「金銀廳保存運動」，正是以年輕世代為中心，重新發現鄉土歷史和價值的過程。當中，由「鹿港囝仔」製作的環保提袋上印製的一句話：「別人的房子，我們的歷史」，讓渡邊深受感動。

渡邊在「鹿港囝仔」張敬業的導覽下，參觀了酒吧、共享辦公室、食堂等老屋修復再生個案，同樣透過活化老屋，打造更多具有創造性空間的渡邊，在那裡感受到「一股改變小鎮的，明朗且柔和的波動」，也看到與其深入參與的「尾道空屋再生」相通的價值而有所共鳴。之前，渡邊也曾邀請研究台灣懷舊建築的「老屋顏」，以及台北市古蹟餐廳「青田七六」的文化長水瓶子到尾道演講，希望將來尾道和鹿港也能夠積極交流，遺憾的是，新冠肺炎疫情攪局，下一次的來往會是什麼時候，目前仍是未知數。

因新冠肺炎的契機，人與社區的樣態也產生變化

世界局勢發生了巨變，很多人都抱著「如果新冠肺炎疫情能夠結束的話」而忍耐著各種不方便，但是，一旦新冠肺炎疫情結束了，真的能夠恢復往常，輕鬆買到便宜機票，任意來往台日之間嗎？

今後的旅行，除了調漲的機票，也伴隨著病毒檢查證明、隔離費用，以及新的感染可能等，跨越距離或國境的交流將會面臨什麼變化？

不只是緊急事態宣言或「自肅」（自我約束）要求，對於因廉價航空公司（LCC）的頻繁航班而帶來觀光效益的地方城市，無疑是重重的一擊。尾道的豐田小姐，為了延續兩間青年旅館的經營而上網募資，募集到五百萬日圓，裡面也包括了曾經到旅館

打工換宿的夥伴們等來自台灣和海外的支援。

另一方面，離開傳染風險高的都市，移居地方城鎮的意願也相對升高。經營「空屋再生」的空屋銀行自二〇〇九年成立之後，已成功媒合了大約一百二十多間房子，但自新冠肺炎爆發以來，詢問度不斷增加，來自海外的移住希望者也明顯增多。

雜誌《LIP離譜》發刊人田中佑典提倡的「微住」或「慢居」（ゆるさと）概念，也開始付諸實行。「微住」指的是「既不是觀光，也不是移居，而是短期間居住在某個地區，一面摸索與當地的合作關係，一面尋找『慢居』的旅行」、「在旅遊目的地的留白處尋找自己的歸屬感，雙向的盛情款待」。

今後的社區型態，成員將不限於住居者，而是擁有相同價值觀的人，跨越國境和區域，在網路上連結，進行資訊交換、支援，相互連動。

「小籠包」算是台菜嗎？：想告訴日本人的「台菜」眞相

如果問日本人「去台灣玩的時候要吃什麼」？「小籠包」跟「芒果冰」大概會名列前茅吧。走一趟滿是日本觀光客的永康街，就會看到大排長龍的風景，人們擠在宛如小籠包代言人、摘下米其林星星的鼎泰豐本店和當令的芒果冰店前。

不過，嚴格來說，「小籠包」也許算不上台灣菜……對此，大概有很多日本人會嚇一跳吧。什麼？能代表台灣的餐廳鼎泰豐，招牌料理竟然不是「台灣料理」？那小籠包是哪裡的料理呢？

中國菜的「八大菜系」

最近在中國料理的世界，「八大菜系」的區分蔚為流行，是根據地區、料理方法和食材大致區分出來的八大系統。這八大菜系裡有什麼料理，眾說紛紜，不過在日本膾炙人口的廣東菜或四川菜也名列其內，其他還有山東菜、江蘇菜、江浙菜、安徽菜、福建菜與湖南菜。

從八大菜系來看，小籠包名店「鼎泰豐」可算在以上海、蘇州和杭州為中心的「江浙菜」內，一般而言，小籠包也是江浙料理的一種。但為什麼小籠包會成為代表台灣的美食？這跟台灣的歷史淵源有很深的關係。

「鼎泰豐」是這樣出現的

一九四五年第二次世界大戰結束，統治台灣的日本人（約三十萬人）被遣返回日本。同時，從中國大陸來了很多國民黨的軍人和政府人員，台灣被編入中華民國「台灣省」。接著，一九四九年中國共產黨建立中華人民共和國，建都北京。國共內戰失敗後，蔣介石率領的國民黨和一百數十萬人一起渡海來台。

戰後來台的人們，出身廣及中國大江南北，因此，具中國各地特色的料理在台灣百花齊放。例如，山東料理有刀削麵、水餃、肉包、餅等麵食，四川料理活用辣椒和花椒等辛香料，廣東料理則有魚翅及叉燒。前面說到的鼎泰豐，創始者也是戰後來台的移民，一開始做油的買賣，但不太順利，直到同是戰後移民的上海料理店老闆勸他賣「小籠包」，才做出了口碑。

那麼，說到「台灣料理」，到底指的是什麼？通常指的，像是米粉等，是在日治前就移民到台灣的福建人帶來的「福建料理」，配合台灣的氣候和食材，並加上原住民、客家、日本等多樣文化影響而發展出的菜色。

「芒果剉冰」是台日複合料理

事實上，鼎鼎大名的台灣剉冰「芒果冰」，也是台灣和日本的複合料理。本來中華料理就有煮紅豆、綠豆等各種豆類甜食，吃法像是日本的「善哉」。另一方面，細削冰品的飲食習慣，則是在日本的平安時代就有記載。兩種文化在台灣結合之後，就產生了現在的「台式剉冰」。告訴我這件事的，是著有專書介紹台灣的冰涼甜品，以美食家聞名的 Hally Chen。

還聽說提出「台灣料理」一詞的，是日本時代在酒樓品嚐中式宴會料理的日本人。

在『NIPPON.COM』寫專欄的日本研究者大岡響子所寫的〈『台灣料理』是什麼料理呢？〉一文中，有以下說法：

「根據中央研究院的曾品滄先生所言，『台灣料理』一詞始於一八九六年，是日本占領台灣隔年，日本人為了區分日本料理與當地料理而開始使用的稱呼。換言之，所謂的台灣料理，是來自他方的日本人跑來擅自劃定範圍，並命名為『台灣料理』，從而突然確立的料理類別。」「解釋『何謂台灣料理』的難處，正源自於台灣往昔所走過的曲折、複雜歷史。」

確實，要「解釋何謂『台灣料理』」，就跟要說明「台灣是什麼？台灣人是什麼？」一樣困難。

水餃「真正的味道」逐漸消失……

事實上，我的某位美食家朋友（台灣人）就哀嘆隨著近年「台灣認同」的高漲，水餃的味道卻越來越差了。也就是說，戰後來台的移民，已經進入第二代、第三代，隨著「台化」的結果，他們帶來的「真正的味道」也受到了影響。（他可是個墨綠）

確實，即使是有名的水餃店，也多了很多像是泡菜口味或咖哩口味等，跟原來的正港水餃口味差異甚大。中山堂前經營多年且頗受歡迎的上海隆記菜館，也在近年結束營業，標榜中國各地正宗口味的老餐廳正日漸凋零，反而是像人氣店「北京餃子」或是在上海大流行的「蒸鍋」餐廳等到中國展店的台灣餐廳增加了。

想告訴日本人的「台灣料理」真面目

我最喜歡的台灣早餐鹹豆漿，據說其實是戰後台灣的新發明，牛肉麵也是戰後從四川來到高雄的榮民的發想，不過現在鹹豆漿和牛肉麵都已是響噹噹的台灣料理。如果要直接下結論，台灣菜可說是不斷接受別種文化、且不斷更新進化的料理，包括前面提到的小籠包，如果要說它是台菜也未嘗不可。

區區的小籠包，背後就蘊含這麼複雜的歷史。當然，這種情形也不僅發生在台灣，美索不達米亞地區，在公元前八千年左右開始栽植的小麥，經由絲路，經過蒙古到達唐朝的長安，進而衍生出包括餃子在內的「餛飩」這種食物。此外，義大利有義大利餃（Ravioli）、俄國有西利亞餃子（пельмень）、土耳其有饅頭（mantı）、蒙古則是蒙古包子（Бууз）。

若能關切飲食文化的背景，會發現即使是平淡的日常食事，都能顯出更深沉的好滋味。（高彩雯翻譯）

鑽研台灣歷史民俗的作家曹銘宗，與精熟荷西文獻的歷史學者翁佳音，於其合著的《吃的台灣史》一書中寫道：「日本自一八九五年統治台灣，最早曾把日本製造的冰塊船運到台灣販售，雖然很貴卻大受歡迎。隨後，日本人開始在台灣各地設立『製冰工廠』、『製冰會社』，台灣進入吃『剉冰』（台語音 tshuah-ping）的時代……日本傳統剉冰配料簡單，常見的是紅豆、煉乳等，大都只淋上各種含有人工色素、甘味的果汁糖漿。台灣剉冰則有琳瑯滿目的配料，包括蜜餞、豆類、湯圓、粉圓、果凍、仙草、番薯、粉粿、芋頭、米篩目、新鮮水果等。」一文章考證嚴謹，讀後豁然開朗，請一併參照。（翁佳音、曹銘宗，《吃的台灣史》，頁 86-87）

日本人搏命品嚐的魚：淺談古今日台港中的「河豚」

談到日本的系列電影，大家可能最先聯想到『男はつらいよ』（台版譯名為「男人真命苦」）系列作。寅次郎，也就是劇中主角「阿寅（Tora san）」，足跡踏遍全日本，編譜戀曲，劇中充滿了人情味，可說是旅行電影的經典，並且衍生出了惡搞致敬的『卡車野郎』系列作共十集(*1)。

由菅原文太——在『非仁義的戰鬥』等黑幫電影中大放異彩的男演員——巧妙地飾演主角「桃次郎」，他是一位負責貨物運輸的卡車司機，途經日本各地時，總是會捲入各種奇妙的事件當中。如同『男人真命苦』一樣，每部作品都會有美麗的女主角登場。『卡車野郎』與致敬的對象（『男人真命苦』）相比，此系列作品常流於低俗，情節開展也不合常理，但在劇中可以窺見日本一九七〇年代的風俗民情與充沛能量，是筆者相當喜歡的電影系列作品。

此系列有部作品的劇中場景，設定在筆者長大的山口縣下關市，片名是『卡車野郎：獨行俠桃次郎』（一九七七年／東映）。飾演桃次郎的菅原文太，把貨物運送到山口縣下關時，初次見到女主角夏目雅子（某個世代以上的日本男性，光聽到這個名字就會陷入戀愛陶醉感的早逝女演員）的一幕非常有趣。故事大略是桃次郎吃了河豚而感到全身麻痺，為了解毒，跑到沙灘上把自己埋入沙中，只露出一顆頭。就在此時，女主角登場，桃次郎對她一見鍾情，情節相當逗趣。

劇中場景設定在山口縣下關市，一說到下關，日本人腦中浮現的就是河豚，而河豚則因其內臟的毒性，容易讓人聯想到中毒。這部電影在一九七七年上映，剛好在上映二年之前，國寶級歌舞伎演員的第八代坂東三津五郎，在京都因過度食用自己愛吃的虎河豚肝臟而中毒身亡，因此河豚的毒性引起了社會大眾的高度關注。

日台因食用河豚發生的中毒案例

根據厚生勞働省[*2]的資訊，日本因食物中毒而死亡的人數當中，過半是因為食用河豚所造成[*3]。因食用河豚中毒的案件，每年約有三十件，總計五十名左右的食物中毒者中，有數人喪失生命。毒素的主要成分名為「河豚毒素」，食用後二十分鐘到三小時內會出現麻痺症狀，逐漸擴散到全身，最後因呼吸困難而導致死亡。所以說，日本人真的是搏命也要吃河豚。

事實上，在台灣也出現許多河豚中毒的案例。從一九九一到二〇一一年間所發生的食物中毒死亡事故共有十五件，其中十一件就是因為食用河豚而導致中毒，因此可知台灣人對河豚的興趣也是不淺[*4]。

河豚的加工處理及專業調理師執照之現況

如果中了河豚的毒，把身體埋在沙灘裡真的有解毒功效嗎？

我們請教在河豚主要產地下關經營河豚料理店「ふくの関（Fukunoseki）」的上野健一郎社長，他笑著否定說：「那根本就是迷信！」這間料理店一開始奠基於長年經營河豚買賣的中盤商「畑水産」，現在的母公司是河豚加工廠「株式會社ダイフク

(Daifuku)」，也就是所謂的河豚專門店。

「山口縣在這數十年間，未曾發生過中毒意外，目前除了山口縣之外，福岡、大分、東京和大阪等地的自治單位，皆各自發放『河豚』加工的調理師專業執照，允許餐廳提供河豚料理，但是山口縣的審核標準相當嚴格，對於處理河豚的安全性，非常自豪。」

日本全國捕獲的天然河豚，以及以長崎縣為中心的養殖虎河豚，約有八成都集中運往下關加工，因為河豚加工廠都聚集於此。在加工廠裡將河豚有毒的部分和可食用的部分分割，確認是完全無毒的狀態之後，才出貨到日本全國各地。

因此，電影「卡車野郎」裡出現的中毒場景，因食用餐廳或料理店提供的河豚而中毒的狀況，無論是當時或現在，幾乎都不可能發生，而現在日本發生的中毒事件，大多都是由非專業人士處理所造成。

第八代坂東三津五郎的中毒死亡事故，則另有原因。事實上，「虎河豚的肝」含有強烈毒性，現代人大多難以理解為何有人性嗜此物，但其實在當時的老饕之間，許多人私底下喜好以河豚的肝代替芥末，融在醬油裡沾河豚生魚片吃，因為毒素的關係，可以享受舌頭麻痺的細微快感，在把酒言歡之下，由於身體麻痺再加上酒醉，意識逐漸朦朧，一盤接著一盤，造成食用過量而導致死亡——如今應該沒有這種違法的店家了。

禁食河豚令與解禁之歷史因緣

在河豚的主要產地山口縣，河豚（Fugu）的發音方式不加濁音，唸作「Fuku」，諧音「福（Fuku）」，取其幸福之意。而山口縣的下關市為何會發展成河豚的主要集散地？其中自有典故。

山口縣位於日本本州的最西邊，三面臨海，自古便是與中國、朝鮮的貿易往來之地，人稱「西邊的京都」，繁華一時，也曾經是源平合戰(*5)、明治維新等等歷史事件的重要舞台。

由於推動明治維新有功，成為日本首位首相的伊藤博文，也是山口縣人。在他返回家鄉之際，造訪了某家料理店，當天海上天候不穩，漁獲不佳，苦惱沒有好菜招待貴客的老闆娘，冒著被責難的風險，端出河豚——豐臣秀吉時代被嚴格禁止，但在山口當地，則已經發展出一套標準的烹調方式——給伊藤博文享用。

驚艷於河豚美味的伊藤博文，在一八八八（明治二十一）年解除禁令，發放「河豚料理公許第一號」執照給那家料理店。此料理店名為「春帆樓」，是下關最高級的料亭(*6)。數年之後，伊藤博文和李鴻章就在春帆樓簽署《馬關條約》（日文為「日清講和條約」）。雖然目前餐廳已經改建，但原建築的二樓就是簽署條約的會場。

依照一八九五年簽訂《馬關條約》的內容，協議大清帝國需賠償鉅款，並讓朝鮮從朝貢國的地位獨立，以及割讓台灣、澎湖群島和遼東半島給予日本。清朝代表大使李鴻章、日本的伊藤博文總理大臣和陸奧宗光外務大臣聯名簽署的條約文件，一份在日本，另一份則隨著蔣介石被帶到台灣，目前收藏於台北的故宮博物院。大清帝國割讓台灣予日本，開啟此後台灣和日本命運與共的歷史之地，就是位於山口縣下關市的第一號河豚料理店——春帆樓。

因毒性而蒙上神秘色彩的河豚，讓人越想品嚐其滋味

在中國，成書於二三〇〇年前秦朝時代的《山海經》，裡面即有河豚的相關記載：「鯖鯖之魚，食之殺人。」另一方面，宋朝的詩人蘇東坡，也留下了數首頌讚河豚美味的詩文，由此可以得知，河豚在中國，也是讓人願意搏命一嚐的美味，歷史悠久。其後，中國政府於一九九〇年明文禁止河豚在中國境內食用與販賣，但中國國內的河

豚養殖與加工企業，持續出口河豚，擁有超過二十年以上的耀眼成績。二〇一六年食用河豚有條件解禁，中國民眾對於河豚的興趣也再次升高。

河豚在香港的狀況又是如何？于逸堯是一位香港的音樂製作人，同時也是知名美食家，根據他的看法，目前香港沒聽說有餐廳能夠提供河豚料理，但是在七十幾年前，部分香港人也有吃河豚的習慣；他會知道此事，也是因為聽說他的曾祖母曾經吃了河豚而中毒。在台灣，則主要是在從日本取得執照的廚師所開設的日本料理店，才能吃到河豚料理。

日本從繩文時代開始，就有食用河豚的習慣，其遺跡在日本各地的貝塚——也就是古代人類的垃圾場——中都可以找到，但從豐臣秀吉公布「河豚食用禁止令」之後，禁食河豚持續至近代。為何禁止？主要是因為冒著生命危險也要一嚐美味的人前仆後繼，未曾斷絕的緣故。

自古以來，人類便一直強烈魅惑於品嚐危險的河豚。接近死亡的快樂，真是那麼甜美嗎？河豚，讓人感到人類慾望的深不可測，有些不寒而慄。但話說回來，河豚若無毒性，或許也就無法榮登「珍味之王」的寶座吧。

現在，一個家庭主婦，可以從網路上向山口縣訂購虎河豚，然後在家裡享受美妙滋味，可以說日本人花費了數千年，終於以智慧和技術，征服了河豚這種「毒魚」。養殖技術也大有進步，研究出「無毒虎河豚」。另外，河豚一直被認為是冬季的美味，但一般人或許不知道，已經有品質優良、而且一年四季皆可品嚐的養殖虎河豚。

嚐一口美味又安全的河豚生魚片，冷冽清甜又彈牙，想到其背負多少過往的犧牲，或許會是另一番滋味。

註：

(*1) 日文原名『トラック野郎』的發音為「Torakku yarō」。

(*2) 日本中央部會之一，掌管醫療、食品安全、勞動政策、社會保險、社會福利等全國性業務。

(*3) http://www.mhlw.go.jp/topics/syokuchu/poison/animal_01.html

(*4) http://www.coa.gov.tw/upload/files/question/105/FDA.pdf

(*5) 日本平安時代末期，從一一八〇到一一八五年的六年之間，源氏和平氏兩大武士家族為了爭奪權力而展開的數次戰役總稱。

(*6) 高級的日本傳統餐廳，必須有熟客引薦，採預約包廂制，環境隱密，食器雅緻，庭園與室內設計揉合傳統文化，深受政商界人士喜愛。

日本人爲何不讓座？：思考台灣的「同理心」和日本的「自我責任」

「來，這裡給你坐。」

縱使隔了好幾個位子，還是有人會開口招呼，而主動出聲的人裡，有上了年紀的婦人，也有男性乘客，被讓座的人則是行動不方便者、孕婦、高齡者，或是帶著嬰幼兒的男女乘客。被讓座的人很自然地接受好意，就算是回答：「沒關係，我很快就下車了。」雙方也不會出現尷尬的氣氛。而靦腆的年輕人，就算不開口，如果注意到有人需要座位，也會默默起身移動。這些台灣人在公車或捷運上的互動樣貌，現在的我已經司空見慣，但第一次遇到時可是大吃一驚呢，因為這樣的狀況在日本，並不容易見到。日本是一個在公共場所欠缺親切感的社會，懷孕、生產後住在東京的我，親身經歷了那樣的社會。距今已經過了十幾年，心想應該多少有些改善吧，但詢問朋友之後，得知似乎反而更加惡化了。

日本的不讓座現象與其文化形象的反差

在台灣經常可以聽到「同理心」這三個字，翻成日語，意思接近「共感」這個用語，但「同理心」卻含有更多站在對方的立場和角度、設身處地思考的語意，很難只用一個日語單字來完整表達。語言，顯示著社會和文化的特性。總之，我們可以說，日本是一個少有機會讓人發揮「同理心」的社會。事實上，很多到過日本的台灣人，都會提到「日本人不讓座」的狀況，受到莫大的文化衝擊。

根據一篇名為「關於大眾交通運輸工具內的互助行為與規範的國際比較」(*1)的論文，日本人覺得「想要讓座」、「應該讓座」的規範意識，相較於其他國家（英國、法國、德國、瑞典、韓國），呈現大致相同或略高的狀況，但在「是否付諸實行？」的行動頻率中，比起其他國家，其平均值卻顯得無比低落。

當我採訪這幾年在日本曾有懷孕經驗的朋友時，她們說，曾經因為身上有孕婦標章（吊牌）而被讓座的經驗，但機會大約是二成，最常碰到的是睡覺、玩手機或裝作沒看見的狀況。某位住在東京首都圈的台灣女性，曾在懷孕時每天記錄通勤電車上自己遇到的讓座狀況。一個月扣掉週末休息，共有二十天通勤，來回是四十次，其中三～六次有人讓座給她，最終結果仍不滿二成。當懷孕月數增加，腹部的隆起也日漸明顯之後，讓座的比例有些許上升，但最多也只有五成左右。若在台灣，應該很少人會讓大腹便便的孕婦在電車上一直站著吧。

許多孕婦在懷孕初期身體狀況不佳，孕吐的症狀很嚴重，實在無法忍受站著搭電車通勤，甚至有人因此不得不請假休息一個月，直到狀況穩定才去上班。事實上，公司的工作大多是辦公室事務，不難應付，如果可以坐著通勤，就沒必要請長假。當日本首相官邸的網站首頁上，大大寫著「實現讓所有女性都能綻放光彩的社會」，但實際狀態卻是如此，不禁令人悲從中來。而對高齡銀髮族的態度也是一樣，很多人覺得，縱使銀髮族之間有互助讓座的傾向——像是七十多歲的人讓座給九十多歲的高齡長者，但年輕人讓座的機率還是很小。

我想知道這些現象是否僅在首都圈才特別明顯，所以嘗試性地訪問了居住在首都圈以外（名古屋、大阪、熊本、長野、京都、札幌、奈良），曾有過生育經驗的人和高齡者，得到的結果是，比首都圈的狀況多少好一點，但很難說和台灣等其他國家一樣優良。當被問到日本人最自豪的是什麼？應該很多人會說是真心的待客之道或良好的禮儀，但是，讓很多外國人驚訝到目瞪口呆的「不讓座」文化，到底是基於什麼理由或心理作用而產生的呢？

「同理心」的無限放大與「自我責任」的強迫心理

之所以不讓座，最常被舉出的原因之一是：日本人通勤時間很長。因為加班或工作繁忙而精疲力竭，無論精神上還是體力上都無暇顧及旁人。某位住在茨城縣、每日通勤往返東京的男性，經常要等四、五班電車才有位子可坐，因此好不容易坐下了，當然不會有想要讓座的心情。此外，也經常聽到之所以猶豫是否讓座給高齡者的原因在於：「有些人不喜歡被當作老人」、「想讓座卻被拒絕，有時候還會被罵」。如此看來，覺得與他人之間發生困擾很可怕，或是覺得麻煩都是日本人不讓座的原因，看來和台灣人相比，落差似乎不小。

相對於台灣的「同理心」，日本最近常出現的用語是「自我責任」。二〇〇四年伊拉克發生日本人質事件，日本社會開始廣泛使用這個用語，之後另一位日本記者安田純平在敘利亞淪為人質，最近終於獲釋回到日本，也有人使用「自我責任」來批評他，激起了一陣辯論。這個用語原本接近「契約裡免責事項（英語是Own risk）」的概念，現在則增加了強者拒絕幫助弱者、還嘲笑弱者處境的語意。在日本擁有如此多重涵義的「自我責任」，若要翻成台灣用語，應該很難用一個字表達清楚。現今的日本社會裡，懷孕和高齡這兩件事都屬於「自我責任」的範圍，勿對他人造成困擾、應該自己默默忍耐這種意識，或許正籠罩著整個日本社會。日本人從小就徹底學會以「不要造成他人困擾和麻煩」為美德，但現在似乎反而是「不允許他人對自己造成困擾和麻煩」這種負面情緒有增強趨勢。

另一方面，台灣人之間的人際關係，是你來我往的互補狀態。或許多少會造成他人的困擾，但反過來說，當對方有困難時，也會不怕麻煩地伸出援手。因為人與人之間的多方接觸，無可避免地會產生摩擦、發生糾紛，但卻不會孤立無援。

當然，所有事情都同時有優點也有缺點。震災等非日常的緊急狀態下，盡可能不對他人造成困擾的日本人形象，在海外也受到諸多讚賞，就是一個很好的例子。反過來說，二〇一八年九月，當許多台灣自由行旅客暫時被困在大阪關西國際機場時，強烈要求台灣政府進行救助的輿論壓力，進而導致台灣外交官自殺的事件，或許可以說是缺乏「自我責任」意識的結果。這種對本國民眾氾濫過度的「同理心」，當時在台灣的社交媒體上被批評為「巨嬰」心態。

雖說如此，現在日本要求弱者負起「自我責任」的態度，也讓人覺得太過。人生很長，誰都會老，更無法預測何時會發生意外，需要旁人協助。日本人在評價台灣的時候，嘴上總是說：「台灣還保有日本失去的東西。」我想還存在於台灣社會的「同舟共濟」精神應該就是其中之一吧。

註：

(*1)川口龍之介、谷口綾子、大森宣曉、谷口守，〈關於大眾交通運輸工具內的互助行為與規範的國際比較〉《土木學會論文集 D3（土木計畫學）》，二〇一五年。

在台灣看日本的「女性止步」問題

被譽為「軍神」的第三任台灣總督乃木希典，在赴台上任時，母親壽子也隨同渡海來台，留下了一段據說讓明治天皇都為之感動不已的佳話，她曾說過：「台灣女子幼時被迫纏足，我希望能解放她們的雙腳。」

從乃木希典帶著母親和妻子來台，已經過了一百二十多年。現在的台灣，女性當選總統，內閣裡還有跨性別女性。夫妻姓氏不同早就被承認，國會議員或公務員、銀行、企業裡的重要職位，女性也占了很高的比例。根據瑞士智庫的「世界經濟論壇」

所做的「全球性別差異報告」（GGGI），以數字呈現性別差異的結果，台灣在世界一百四十四個國家裡，大概是四十名左右，大幅拉開和日本的距離，日本在二〇一七年倒退到一百一十四名，二〇二〇年退後到一百二十一名。

比起日本，極度「寬以待人」的台灣社會

我曾經在某個 SNS 上傳了一張比較清晰的個人自拍照當作頭貼，沒想到有個認識的日本男性竟對我說：「這樣公開自己臉的大圖，還真的不覺得丟臉呢。」我很驚訝，至少，我想不到有任何台灣朋友會「管這麼寬」。

基本上，台灣人對待別人，多認為是「他自己開心就好了啦」，丟臉與否是那個人自己的事，不需要其他人說三道四。（對方若是自己的家人就不在此限，也會出面干涉。）

前一陣子有個報導，有位六十二歲的台灣女性以自然產的方式生了孩子。在台灣，大部分都是祝福滿滿的「超厲害」「恭喜」等留言，但是在日本雅虎新聞的留言裡，卻是「媽媽這歲數才生，小孩真可憐」「不負責任」「神經大條」等負面評論較多。

這個事件，後來在台灣也有從生命倫理和商業主義等多種角度的討論，不過，一

開始就認定生出來的小孩「真不幸，好可憐」的日本人多到讓我訝異。好像是說身為父母就該是什麼樣貌，怎樣才能幸福，某種像是信念般的執著。我不是不能理解這般心情，不過，如同經濟狀況的不同，家家有本難唸的經，說高齡生產＝孩子可憐，實在太過「刻板」了。只是，我不禁覺得，這種千篇一律的「刻板」網羅，好像遍布在現代日本人的生活裡。

「女子技能」在台灣沒那麼受歡迎的原因

尤其女性更會被這樣的網羅束縛。我從前曾經被職場上司說過「跟妳借一下小鏡子，妳是女的嘛，至少會帶小鏡子出門吧？」從化妝方法到站姿到動作，或是貼心細緻，身為女性，「應當如此」的要求實在很多。

而女性對於降臨到自己身上的女性角色，不只在缺少自覺和批判的狀況下全盤接受，也常對周遭女性強加相同的性別角色要求，那張社會的網羅，因此呈現出更複雜的樣貌。

我剛到台灣時，發生過一件事。當時我正要出聲叫咖啡館的店員「先生」時，被台灣的家人制止了。「喂，那是女生啦」，對方把頭髮剃得短短的，也沒化妝，樣子和動作都像是男孩。被提醒以後，我發現對方確實比較纖細，不過，對自己馬上認定她是男性的反射思考，我不禁心頭一緊。

之後，我察覺到台北街頭上有許多男孩子氣（用英文說的話是「tomboy」）的女生，也醒悟到自己內在深藏的性別偏見（gender stereotype）。

順道一提，在日本人的感覺裡，經常認為這種女生就等同於lesbian，但並非如此，很多人只是單純喜歡那種風格。不化妝也好，化妝也好，有喜歡性感打扮的女子，也有過了六十歲還穿著迷你裙潑辣前行的女性，這些女性，不會被批判「也不想想都一大把年紀了」或是「因為是女的所以必須……」。

擅長料理或家事，招待和化妝技術高明的「女子技能」，在台灣並不會像在日本那樣受歡迎，反而因為可能會被婆家隨意支使而不認為是必要技能，如果經濟上有餘裕，可以外食或雇用家事幫手，因此「女子技能」在台灣並不被算入女性的「優點」之中。因為在日本社會成長而不知不覺認定的「理所當然」，到台灣之後卻發現有許多「並非如此」。

不如乾脆明文規定「相撲賽事女性止步」

事物都有優缺點，回到日本時覺得美好的文化或傳統，背後有支持其成立的「美德」「謙虛」等共識和制度，我很清楚這些，也不是要全盤否定，或全面禮讚台灣。

但是，在思考如何清除「理所當然」時，最近被熱議的相撲場女性止步問題，可以讓我們看清楚很多事。

二〇一八年四月，日本京都府舞鶴市的相撲巡迴賽中，發生了一件插曲，當時有一位女性為了救人，迅速跑上土俵，但是年輕的行司（裁判）馬上廣播命令她「從土俵下來」。這個突兀的舉動，引起輿論激烈討論大相撲比賽中女性不能上土俵所謂「女性止步」的合理性。

之後，兵庫縣寶塚市的女市長，提出想在比賽中和男性一起站上土俵，結果協會以「傳統」為由拒絕了她的要求。據說土俵女性止步的說法，是從明治時代開始的。

相撲界的說辭是「相撲為神明之事，女人止步為傳統作法」，但若要說到根據，有研究提及相撲首次在史書上登場，是采女們的「女相撲」，而常被認為是古來傳統的「女性止步」，也已經被證實最多只有一百年左右的歷史。

在這樣的歷史認識上，就別再說什麼神事或扯上傳統之說，乾脆直截了當明說「現在的相撲，是明治時期藉由排除女性以塑造權威的運動競技」算了。

依然束縛現代日本女性的「看不見的纏足」

「就是那樣」「因為是傳統」等這類認定，就像是看不見的纏足般，依然束縛著現在的日本女性。不論評價如何，就如同數字所呈現的，在這些事情上當機，將大大防礙女性進入社會的可能。實際上台灣也不是向來就如此柔軟，而是在追求合理的積極努力下，才能達致現今的樣貌。

曾經來到台灣卻不幸罹患瘧疾過世的乃木大將的母親，如果九泉有知相比於她原本想拯救的台灣女性，如今日本女性的境況卻大幅落後，不知會有何感想。（高彩雯翻譯）

與移民同居的先進國台灣：我看到的「外籍幫手」可能性

日文裡有個說法：「忙到連貓的手都想借來一用（猫の手でも借りたい）。」

甚至還出現了借用貓幫手的漫畫：《今天的貓村小姐》（ほしよりこ，マガジンハウス），書中描繪擅長做家事的「貓村小姐」，被派到富裕但狀況複雜的家庭做家政婦。貓村小姐雖然料理和打掃都做得很完美，但是一緊張就會磨爪子或是舔起毛來，還會伸出貓舌頭，可愛極了。因為是貓，對人情世故並不能說是很靈通，但是對雇主來說，卻是能安心的幫手。很多讀了這部作品的人，都會想像「啊，如果貓村小姐能

來我家幫忙就好了」，所以這部漫畫風靡了男女老少，非常暢銷。

在勞動人口減少和倡導女性就業的時代，工作、家事、育兒的重擔都壓在女性身上，這情況在日本被揶揄為「單手作業（喪偶式育兒）」，並漸漸在持續少子化的日本成為社會問題。照護界的人手也極度不足，比其他國家更早迎向高齡社會的日本，真正可以說是「忙到連貓的手都想借來一用」。

二〇一八年，日本終於確定了能對應農業和照護需求的新移民方針，設計了新的外籍人士居留資格，相較於之前那種缺乏實質內容的「技能實習」移民政策，可以說是一大進步，雖然已經能預料到或許會因此產生許多問題。

台灣的「幫傭實情」

我住的台灣，高齡化狀況也相當嚴重，家事或照護領域也很早就求助於外籍幫手。根據台灣政府統計，大約有二十五萬以上的外籍勞動者從事家事和照護工作，在二千三百五十萬的台灣人裡，占比相當高。因為還有非法滯留和假結婚等地下管道，所以實際上的人數應該更多。我想從自己身邊的例子說說我對台灣幫傭狀況的觀察。

在女性積極就業的多數東亞都市裡，很早就引進了外籍幫傭，而和居住環境據說相對狹小的新加坡或香港相比，至少在我周圍，台灣似乎算是還可以的工作環境。實際上，要向官方單位申請居家照護時，是否準備好幫傭用的單人房也是確認重點之一，簽約時也會討論假日和勞動時間。（當然也有黑心雇主）

到現在為止，我直接接觸交流過的外籍移工，大約有十五位，其中大部分是印尼女性，其次是菲律賓女性。

在我以前的職場幫傭以及照護老人的菲律賓女性，她說自己是大學畢業生，也有教師資格。在菲律賓，即使是高學歷女性，也有很多人到海外從事家事或照護工作。因為她能說流暢的中英文、頭腦好，也認真工作，比起一般行情，她的酬勞更豐厚。在故鄉因颱風或洪水而遭難時，雇主也會給慰問金或出機票讓她回鄉，對她相當好。

像家人一樣重視外籍幫傭的家庭不少，而認真工作又有能力的幫手也有很多人搶著要。能幸運碰上合適的幫傭很難，也有輪番換過十五個以上的幫傭，最後只能放棄的台灣主婦。

事實上，我也因為家中狀況而與幫傭一起住過。第一位大概兩個星期就翩然離開了，第二位、第三位也都各做了一個月就辭職。當初我覺得她們大概是「因為窮，所以和故鄉的丈夫、孩子分開，不得已到這裡工作」，其實這只是單方面的成見，遠不是對他者的尊重。同情或憐憫，對她們反而很失禮。

來到我家的第二位印尼女性，丈夫和年幼的孩子留在故鄉，在台灣還有印尼男友。像是日常功課一樣，每天九點左右，她結束工作以後，就在陽台和男朋友聊一個小時的電話。週末的休假時間，她也會去印尼人聚集的郊外舞廳。

這些女性，大部分都關心流行，喜歡在攤販買流行的洋裝。天天燙衣服，一邊推著老人家的輪椅，一邊用行動電話和朋友聊天，交換各種資訊，希望能在更好的環境工作。在傳統鄉下長大的女性們，一般來說，從有意識以來，多多少少想著早日結婚生子，而對某些人來說，來台灣工作，可能也是一種自我實現的形式吧。

「一起創造美好社會」的意識很重要

台灣也依然需要制度面的改善。現在的問題是，在現場培養出的工作法會隨著這些幫手回國或是改換職場而難以為繼；加上如果中國或其他地方的待遇水準提高，這些幫手離開台灣的機會就會增加，可能造成新一波的人手不足。而就這層意義上，如果日本未來也想接受更多的國際勞工，怎麼將環境打造成「有魅力的勞動場所」，就是值得考量的了。

現在可以用個人意願自由選擇工作環境的外籍勞動者，會期待能在更高的層次上實現自我，例如因為經驗累積，待遇得以提高，或者累積職涯取得資格，讓家人也可以一起生活，取得居留簽證等等，這些提升工作動力的環境調整都是必要的。這樣一來，應該能防患於未然，不致於引起太多工作上的糾紛，留下優秀人才，最終對社會產生正面影響。而且並不限於家事或照護人才。

曾經風靡的漫畫主角，其實也是時代要求的縮影。譬如高度經濟成長期時尋求核電的政策下，《原子小金剛》應運而生；和平憲法的基礎下，武力卻是必要的，而在此矛盾下出現了像《鹹蛋超人》、《巨大機器人》等正義的友人。到了現在，則是《貓村小姐》迷倒了許多日本人，反映了日本人對家事、照護勞動等人才，抱持了殷切的期待；而鄰居台灣，在外籍勞工問題上累積了很多經驗，學習台灣然後推展適合日本人的制度設計，不只是「讓外籍勞工工作」，而是依靠他們的能力，一起創造美好的社會，我想，日本人有必要更理解這樣的幫手意識。（高彩雯翻譯）

你知道什麼是「山本頭」嗎？！

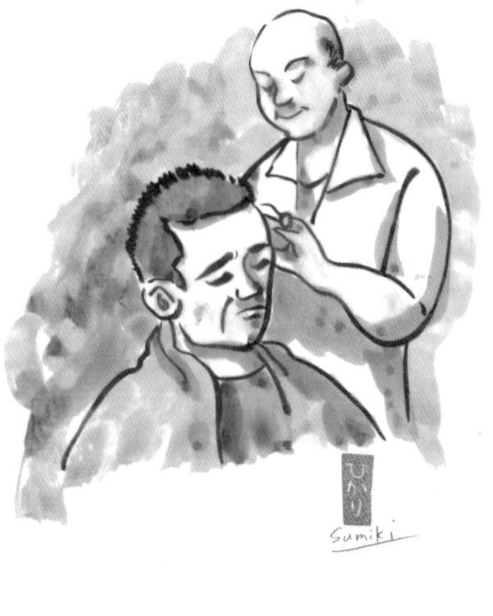

某天我走在路上，忽然被一間理髮店吸引。那家店的玻璃上以大字寫著各種髮型選項，其中有一項叫「山本頭」，我看了不禁感到困惑。

「山本頭？」

「山本」是日本姓氏，後面加上代表髮型的「頭」，大概是和日本的山本有所關聯，但我可沒聽說過日本有叫作「山本」的髮型。這種不存在於日本卻存在於台灣的「山本頭」，究竟是什麼樣的髮型？難道和日本的著名歌手山本讓二有著什麼樣的關係嗎？

根據一九六四年開始營業，位於桃園市的理髮店「平頭專門店／スポーツがり」老闆劉鬍子所說，山本頭的山本，指的是戰前的軍人——山本五十六元帥。

始於山本五十六及石原裕次郎的形象

山本五十六為日本海軍軍人，一八八四年生於新潟縣，太平洋戰爭結束的兩年前，也就是一九四三年，於現在的巴布亞紐幾內亞（布干維爾島）上空戰死。他在戰爭爆發前，曾在美國住過一段時間，深知美國和日本的國力差距，因此強烈反對日德義三國同盟，預言那將使東京毀滅，也曾對當時的首相近衛文麿進言，應迴避與美國開戰。然而在形勢所逼不得不開戰的情況下，他也計畫了珍珠港奇襲並付諸實行，因此得名。

頭腦清晰且冷靜沉著，但必要時仍會放手一搏，山本五十六充滿「男子氣概」的形象，加上「五十六」這個有趣的名字，使他在台灣，尤其是混黑道的男性之間，獲得極大的支持。據前文提到的理髮店老闆劉鬍子所說，「山本頭」在台灣流行起來，應是距今四十年前，一九八〇年左右的事。推究當時的時代背景，正好是一九八一年電影《聯合艦隊》（松林宗惠導演）在日本與香港上映並極為賣座的時期，或許這也是造成流行的原因之一。

劉鬍子說，對台灣男性髮型產生大影響的人，除了山本五十六之外，還有身兼歌手及演員，在台灣也相當知名的石原裕次郎。根據曾在台灣度過少年時期的森田房樹所言，石原裕次郎曾在台北市中山區經營過咖啡館。一九七二年日台斷交前，石原裕次郎參與演出的電影《黑部的太陽》（熊井啟導演，一九六八年）與《風林火山》（稻垣浩導演，一九六九年）正好在電影院林立的西門町上映並大受歡迎，石原裕次郎的影迷經常造訪其所經營的咖啡館，而石原也常在來台時輕鬆地與影迷們聊天。

特殊的平頭造型

那麼所謂「山本頭」，究竟是什麼樣的髮型？

為了明白這件事，我造訪了位於台北市中山區的理髮店「三郎の髪」。「三郎の髪」位於「赤峰街」的一條小巷裡，附近有許多修理機械的店家與小型工廠，近來也有許多裝潢精緻的咖啡館與精品店陸續開張，吸引許多來自日本和香港的觀光客到訪。

老闆三郎先生生於台中大甲，現年七十四歲。他在十七歲時來到台北，開始從事理髮工作，於四十歲時獨立創業，在赤峰街附近輾轉換了幾次店面後，十二年前遷移到現在的店鋪，並持續至今。三郎說，初次聽說「山本頭」，是在他三十歲左右，一張客人從日本帶來的歌手兼演員的「渡哲也」照片。三郎剪「山本頭」的技術相當受到好評，就連外號「豬肉王子」的台灣知名歌手「蔡小虎」也是常客，店內牆上貼著許多簽名海報。筆者造訪時，三郎正好在幫客人剪「山本頭」，便趁機詢問細節。

首先，「山本頭」的長度整體而言約為〇．三公厘至一公分（也有人會剪得比較長）。重點在於額頭上的髮線呈「M」字型，也就是會把頭髮剃得較深，屬於「平頭」的一種。由於三郎有許多粉絲，客人絡繹不絕地走進店內。有人說他討厭頭髮長長，因此每十天就會來剪一次，也有年輕男子說他以前髮長過肩，但自從半年前便迷上三郎剪的山本頭。

理髮結束後，頭髮和鬍子被剃得一臉清爽的客人，比誰都適合「山本頭」。他沉默寡言、略顯害羞的模樣，甚至有點像「高倉健」。

從髮型看日本文化的影響與在地化

三郎先生告訴我，還有一個也受到日本影響的髮型，叫「海結仔」，台語發音就來自日語「ハイカラ」，台灣華語則稱作「西裝頭」，其實就是梳平的三七分髮型。筆者想像，或許「海結仔」比「山本頭」出現得早，從日治時期便流傳下來。筆者在

SNS上提到「山本頭」的話題後，許多台灣朋友熱情地告訴我其他髮型，在此一併介紹。

平頭……スポーツ刈り
小平頭……丸刈り
分平頭……剃りこみ
方平頭……角刈り
西裝頭／海結仔……七三分け
飛機頭……リーゼント
歐魯巴庫……オールバック
電棒……パンチパーマ
鷄頭……モヒカン

「山本頭」本為跨越國界輸出的「男子氣概」形象，結果在台灣獨自發展，從中可見日台文化互相參雜揉合的一面，相當有趣。

內台航路與〈バナちゃん節〉：台灣香蕉讓日本人愛上香蕉

經由台日船班運往日本的台灣香蕉

從福岡縣北九州市的門司區，可以清楚地看見對岸山口縣的下關市。奔流於其間的海峽，從下關取「關」，門司取「門」，兩字合併稱「關門海峽」，並有關門大橋與關門隧道連接本州與九州。但事實上，門司港最繁榮的日子，是關門海峽上還沒有橋也沒有隧道的時候，如今，依稀可見往日風華的市街已成為觀光景點，被稱作「門司港舊情」。

對筆者來說，門司港會讓我想到兩件事，一是一九一四（大正三）年竣工的九州鐵道始發站，門司港車站；另一則是「香蕉大叫賣」。

門司港車站是很美的木造建築，有著橄欖綠的屋頂與奶油色牆壁，左右對稱的建築風格屬新文藝復興時期樣式，是全日本第一個被登錄為國家重要文化財的車站建築。車站經歷數次整修工程，二〇一二年時為了保存修復而展開大規模施工，完成後重新復原到開業時的模樣。

另一方面，「香蕉大叫賣」則被納入當地的傳統藝術之一，由民間團體保存並加以流傳。叫賣時的說唱台詞被稱作〈バナちゃん節〉（譯註：直譯為阿蕉歌），內容依地區不同而有各種版本，門司港代代流傳的〈バナちゃん節〉版本則如下所示，明確把日本與台灣的連結寫入唱詞之中。

春天那三月春雨　櫻花飛舞彌生天空
奧州仙台的伊達公　爲何鍾情於阿蕉
且聽我細數阿蕉身世

生於台灣台中　阿里山麓小農村
台灣姑娘一見傾心　趁臉色嬌媚時
雖非國定忠治(*1)　仍摘個一串兩串

裝進雞籠　告別阿里山麓
轟隆轟隆火車搖啊搖　抵達基隆港
乘船駛離基隆港　越過金波銀波浪花頭

大海遙遙船行路　千辛萬苦有盡頭
終於抵達了　門司港　門司是九州大都會

始於一八九六（明治二十九）年，由大阪商船運航的「內台航路」（台灣航路）中，有一條航線便是從神戶出發，走瀨戶內海，行經門司，在台灣北部的基隆港之間往返。當時內台航路的當家花旦，就是聲名遠播的大型輪船「高千穗丸」。「高千穗丸」由知名造船技師和辻春樹設計，船室內部皆以金泥與螺鈿裝飾，相當奢華。曾活躍於日本NHK料理節目與雜誌的辛永清女士，是台灣台南出身，同時也是知名的隨筆作家，曾經在著作裡如此回首那時候的船旅風光：

那時候走日本航線的船有「高千穗丸」跟「高砂丸」，都是很有意思的豪華船隻，大廳金碧輝煌，甲板上還有泳池。每次父親搭的船入港時，都會趁機讓我在出港前上船遊玩一番，所以在我心中，開往日本的船旅一直是個憧憬，我總想著有一天也要搭船去日本。(*2)

台灣香蕉在日本衰退之因

從基隆港出發，於門司港下船的，可不只有人。

當年在日本被視為高級水果的夢幻逸品——台灣香蕉，便是其中之一。香蕉在台灣的基隆港被運上船時，還是未熟透的青綠色，一直到抵達門司港下貨時，都還留有幾分青綠，接著從市場批發到門司，或者對岸下關的水果店。所以，那時候在門司跟下關的水果店地下室裡，都還有用來催熟香蕉的房間，把青綠色的香蕉放到地下催熟室裡，用木板蓋住放上冰塊，再從下方生火，調整催熟室的溫度，催熟香蕉。不過，也有一些香蕉在下船時就已經熟透，出現黑斑，必須盡快出貨賣掉。由此應運而出的，就是「香蕉大叫賣」——以主題曲〈バナちゃん節〉招攬客人，連說帶唱，接著喊價砍價，攻陷顧客。這種獨特的販賣方式，已成為門司港的招牌，後來更由於電影〈男人真命苦〉中寅次郎的一段香蕉叫賣，而在全日本打開知名度。

接下來，一九四二（昭和十七）年關門鐵路隧道開通；二次大戰後，一九五八（昭和三十三）年全球首座海底公路隧道於關門海峽誕生，從此以後，從九州前往本州就再也不需要經過門司港。於此同時，門司港也失去了身為港口的耀眼光芒，之後隨著物流系統日漸發達，熟透的黑香蕉抵達門司港的情景，已不復存在。

筆者小時，每次去住在門司的祖父母家玩時，總看得到香蕉。可能是普通的香蕉，或者像冰淇淋那樣冷凍的香蕉，總之，那裡總會有香蕉。小學放暑假時的某一天，祖父家附近的百貨公司辦活動，我抽中了獎品，是一台隨身聽，背面寫著小小的「Made in Taiwan」。祖父看到這行字，告訴我他以前在太平洋戰爭時，曾經由台灣搭船到菲律賓，那時候從台灣運上船的香蕉好吃得不得了，從此他就非常愛吃香蕉。這天，是我人生中第一次意識到「台灣」，而聽完祖父的故事之後，讓我一直以為那時候祖父母家裡的香蕉也都是台灣產的，但現在想想，那些香蕉應該是來自其他產地，因為那時在日本流通的台灣香蕉已經很稀少，且變得相當昂貴，不是一般老百姓隨時能買的。

話又說回來，以前只要提到香蕉，就會想到台灣貨，但現在台灣香蕉卻不再流通於日本，為什麼呢？為了讓台灣農產品成為通行於全球的國家品牌，二〇一六年成立了致力生產、加強輸出的「台農發股份有限公司」，由內田直毅負責在日本推廣行銷台灣香蕉。筆者向他請教了台灣香蕉的現況與展望。

內田表示，最重要的因素是一九六三年日本香蕉進口鬆綁後，厄瓜多與菲律賓產的香蕉搶走了台灣香蕉的地位。台灣跟菲律賓等其他產地相比，有幾個缺點，如生產成本較高，農業規模較小，且容易受到颱風影響，使得品質與產量供應容易不穩；再加上其他產地的香蕉品質也越來越好，好吃程度已不輸台灣香蕉。目前除了厄瓜多與菲律賓之外，還有秘魯、越南、墨西哥、泰國等地的香蕉盤據了日本進口市場，台灣香蕉的占有率掉到只剩下百分之零點一。

試圖以雲林產的「烏龍種」香蕉重新打開台灣香蕉在日本的市場

現在，內田正著手進行的，是把雲林縣生產的「烏龍種」香蕉進口到日本。提到台灣香蕉，一般多半會想到屏東、高雄產的，雲林產的比較少見，但這是有理由的。

首先，颱風的行進路線往往不會經過雲林，使得這裡不易受到颱風影響，此外還有濁水溪這樣的大河川流經，土壤相當肥沃。生產烏龍種香蕉的蘇明利，幾乎把全部人生都投注在栽種香蕉上，全力打造雲林香蕉的品牌口碑。他有許多堅持，諸如把種稻米的土地拿來種香蕉，以培養對香蕉天敵「黃葉病」的抵抗力等，這樣種出來的烏龍種香蕉，能耐寒，春秋時節糖度高，生長速度慢，使得味道綿密且富有光澤。目前已慢慢在日本超市打開市場，據說令人遙想起當年被稱為「北蕉」，備受喜愛的台灣香蕉，吃起來充滿懷舊感，評價很好。不過，它的零售價落在一包三百九十八日圓，價格不下於菲律賓高級產地的高原香蕉，該如何降低流通作業的成本，將是未來的課題。

根據日本總務省調查，二〇一八年日本人的香蕉消費量，為一個家庭平均一年十八公斤（約一百二十根香蕉）左右，不難看出日本人有多麼愛吃香蕉。然而，日本人開始吃香蕉，其實是始自明治年間領有台灣之後，時間還不算長。換言之，我們甚至能說，是台灣香蕉打造出今天日本人對香蕉的愛。只不過這段日台歷史的淵源連結，在日本還不算為人熟知。

「台農發股份有限公司」的內田留意到，每年門司港舉行香蕉叫賣表演時，使用的並不是台灣香蕉，於是便在二〇一七年提供了往年香蕉貿易的照片看板和台灣香蕉。

如今內台航路這段連結日台兩地的背後故事已被遺忘，要從「香蕉大叫賣」聯想到台灣香蕉恐怕不是易事，不免令人惆悵。而在台灣漸漸成為日本人的熱門旅遊地點之後，能見度越來越高，我衷心期盼深刻連結著日台兩地的美味——台灣香蕉，能夠再次重現於日本人的餐桌上。

註：

(*1)國定忠治是江戶時代後期的俠客。

(*2)引自辛永清著，《府城的美味時光：台南安閑園的飯桌》，聯經出版。

尋訪台灣和牛的原點：「見島牛」

距離山口縣萩市四十公里遠的見島，地處山口縣最北端，是座周長僅約十四公里的小島。這裡的「見島牛」被視為和牛的源頭，是獲得日本國家指定的「天然記念物（自然紀念物）」。同樣獲得指定的牛隻品種，還有鹿兒島縣口之島野生的「口之島牛」，但若單論養殖牛，就只有見島牛。

據說從亞洲大陸輾轉來到日本列島的印度牛隻是和牛的源頭，牠們在日本的氣候風土孕育下，逐步確立起今日的和牛特徵。現在，和牛種指的是黑毛和種、褐毛和種、

日本短角種、無角和種這四種牛種，其中又以占九十五％的黑毛和種尤多，此即一般所稱的和牛。松坂牛及神戶牛等知名的牛隻，是黑毛和種和外國品種的交配種。

歷史紀錄顯示，見島牛曾一度要與外國品種配種。身為農業經濟學者的山口女子大學前校長中山清次在著書中如此記載：「明治中期時，見島曾打算改良見島牛，試圖引入達旺牛（Devon）——改良和種的島根縣產種雄牛——進行配種，但改良計畫沒多久便喊停，原生種見島牛又一次得以保存下來。」中止計畫的原因不明，但結果讓純種的見島牛得以留存，可謂奇蹟。

源興牛與見島牛的血緣關係

台灣在二〇一七年鬆綁了日本和牛的進口限制，民眾得以接觸到日本各地的名貴和牛，一時蔚為風潮。當此之際，前總統李登輝先生培育出台灣和牛「源興牛」的消息，在二〇一七年秋天喧囂塵上。(*1)

李先生是農學博士，戰後收購了日本時代由日本本土帶至陽明山放養的十九頭黑毛牛，移至花蓮飼育。他以自己三芝老家的寓所「源興居」取名，將之命名為「源興牛」，並在一番調查後有了驚人發現：原來源興牛的 DNA 竟與見島牛最為相近。換言之，山口縣萩市見島的「見島牛」，恐怕就是李先生飼育的「源興牛」之祖。

自古以來就有「防人」定居耕作的見島

二〇一八年七月，我從山口縣靠日本海側的萩港出發，搭乘叫作「おにようず」的交通船前往見島。「おにようず」漢字寫作「鬼楊子」，意指一種見島傳統風箏，人們在家族後嗣誕生的那年年底，會畫一個有六張榻榻米大的鬼臉風箏放上天空。我一想到即將見到夢幻般的「見島牛」，心情也不禁像風箏一樣飛揚。

當見島漸漸浮現在前方時，灰色的雷達設施也跟著映入眼中。見島後方就是韓國、北韓、俄國與中國，這讓我真切體會到，從日本往亞洲大陸看去，見島是僅次於對馬的最前線。見島自古以來就是日本與亞洲大陸的交易中繼地，根據文獻顯示，起碼自西元六世紀開始，便有由大和朝廷派駐的「防人」在這裡生活。即便時代更迭，防人換成了自衛隊，這座島嶼在地理上扮演的角色仍如往昔，不曾改變。

石井里津子仔細走訪日本各地農村，撰有許多關於地域文化及農業的著作，她在《千年田地》(*2)一書中陳述：位於見島西南方，被稱為「八町八反」的田地，其實是西元六～七世紀時留下的「条理」（耕地單位，依當時中央政府戶籍規定制定），一三〇〇年以來，這片見島的「条理」幾乎維持著原本的模樣，是「奇蹟似的田地」。見島牛的祖先或許就是因農耕之用，跟著水稻技術一起傳入這座島嶼的吧。見島牛在這座島上，與人們共同生息，成為日本原生品種留存至今，真可說是「千年之牛」。

見島傳統牛市的販售及台灣航路

踏上見島的土地，我在見島牛保存會會長多田一馬先生的帶領下，抵達依傍著一座丘陵的共同牧場，看見被餵養得健健康康的見島牛。見島牛在一九六七年曾一度瀕危，只剩三十三頭，後來成立了保存會，二〇一八年已復育至八十七頭。每一隻牛都是自然交配下誕生的，體格雖小但十分精壯，漆黑光亮的毛色加上晶潤的雙眼，相當討人喜愛。牠們的前肩部十分發達，呈倒三角形，即便島內梯田林立，仍能俐落迴轉。據說牠們的性格十分聰慧，能懂人意，而且刻苦耐勞。至於和牛極具特色的肉質，多田會長表示「見島牛『連腳尖都是霜降』」，而箇中原因則在於海風替牧草帶來豐富的鹽分與礦物質。我拿出台灣和牛「源興牛」的照片給多田會長過目，他驚訝地說：「跟見島牛好像欸！」詫異地指出雙方體格與牛角都十分相似。

據說在一九二八年被指定為「天然記念物」之前，見島會舉辦牛市，販售雌雄成對的見島牛。台灣的日本時代始自一八九五年，止於一九四五年，換言之，有充裕的時間供源興牛的祖先們來台。除此之外，當年鄰近山口縣的北九州港口門司港，跟台灣的基隆港之間有「台灣航路」相連。或許當年，牠們是從見島運往本土的萩市，然後轉赴門司港，以船運送往台灣基隆港，最後抵達陽明山放養也說不定。附帶一提，根據李登輝基金會肉牛 BLUP 研究中心於日本畜產學會誌所發表的論文指出：「源興牛」多年來在台灣的氣候中生長，如今已脫離黑毛和種以及過去曾配種過的歐美品種，發展出堪稱為「台灣原生種」的專屬特徵。

島農高齡化，後繼人手不足

見島牛只有在島上的單獨個體會被視為「天然記念物」，且由於該項規定不適用於島外，故每年會有約十頭的公見島牛被運往本土養牛場，養大後當作肉牛出售，是一百克進貨價三千至四千日圓的稀有和牛。只不過飼育見島牛的開銷相當龐大，光靠國家補助並不夠，因此只能將販售收入用於填補資金缺口，幾乎沒什麼利潤。除此之外，見島牛在反覆近親交配之下，配種變得一年比一年艱難，想靠數量稀少的見島牛維持生計，難度相當高。而對保存會來說，最頭大的問題莫過於後繼人手不足。島上農家漸趨高齡化，即便是千年田地．八町八反也不乏無人問津的棄耕地。

八町八反靠海的那一邊有著「Jikonbo 古墳群」，是古時那些身負防人之職，開始於見島耕作稻米者的永眠之地。觀光協會的天河保義先生告訴我，以前島上的人都說那裡是「地公墓」，據說是台語對墳墓的稱呼。包括巨大風箏「鬼楊子」在內，這些種種都讓我體會到，見島的確深受亞洲大陸以及南方黑潮文化的強烈影響。

註：

(*1) 由於澳洲亦大量養殖源自日本的和牛種，並獨占海外市場，故日本產和牛表記為「和牛」，外國產和牛則標記成「Wagyu」以作區別。此處沿襲台灣的表記方式，直接記作「台灣和牛」。

(*2) 書名暫譯，旬報社，二〇一七年出版。

撿骨：日本、台灣、沖繩共有的另一種生死觀

忌諱直言死的諸多慣用語

日語中用來表達「死亡」的相似詞語有很多，好比說「亡くなる」（過世）、「逝去」（仙逝）、「儚（はかな）くなる」（殞落）、「旅立つ」（踏上另一段旅途）等。有次我和台灣華語老師閒聊起這件事，老師告訴我：「台語中也有個『避諱』的說法，叫『去蘇州賣鴨蛋』。」我問老師為什麼是「蘇州」跟「鴨蛋」呢?老師說他也不清楚。從那時候開始，只要遇見講台語的老人家，我就會向他們請教這個說法的由來，但時

至今日仍沒得到一個合理的解釋。

日本也有與上述類似的說法，其中較知名的，當屬嚴島神社鎮守的廣島縣宮島一帶。宮島被稱為「神之島」，這裡的嚴島信仰向來忌諱「不淨」，因此島上並無墓地，居民過世時會被運送到對岸入土安葬，人們在此時忌諱直言「死」，於是便以「去廣島」代稱。江戶時代中期的國學家小野高尚（Ono Takahisa），在其隨筆集《夏山雜談》中記載著下面這段文字：

「西國有卑俗之諺，不云死而言赴廣島。此乃因安藝國嚴島為神地，避忌穢物，人死後其屍骸不得留置片刻，縱噓氣亦擬作未死轉運赴廣島，在彼處行喪入葬，是故忌云死，而慣云赴廣島之緣由，乃嚴島土俗忌語也。」

據說這樣的說法後來傳至西日本各地，延伸出諸如「去別府泡溫泉」、「去廣島買鍋子」、「去大阪買菸」等說法。

對死後的遺體及怨靈充滿恐懼

台灣自古以來，也存在著視「死亡」為「不淨」的想法。

台灣民俗學者劉枝萬認為，喪葬儀式在台灣的機能在於「斷絕關係」，是奠基在對死者「發諸本能的嫌惡與恐懼」之上。從往生的那一刻起，遺體即開始腐壞，有毒且危險，一旦往生者徘徊於人世與彼岸之間化身為「鬼」，便會為生者帶來災厄。

雖說台灣有幫第二次世界大戰中陣亡的日人建廟祭祀，但若仔細關注台灣人對往生者抱有的強烈嫌惡與恐懼，不難發現這與其說是出於對往生日人的敬意，其實是更害怕壯志未酬的鬼魂作亂，遂依循手續行事，以避免咒怨纏身，兼之祈求往生者守護該地域共同體。這樣的作法，與以平家怨靈及菅原道真為首的日本「御靈信仰」不謀而合。民俗學者柳田國男在「把人視為神明祭祀的習俗」（一九二六年）中，將抱著遺憾執著而死的亡靈喚作「御靈」，至今存在於日本各地的「靈社」、「若宮」、「新八幡」、「今宮」等，都是為了平撫「御靈」作祟而建的神社。

經過撿骨的二次入葬儀式，才能順利前往另一個世界

《夏山雜談》中言及「縱嚥氣亦擬作未死」，這段話讓人感覺到，在離開人世以至彼岸之間，尚有另一個世界存在，而如何把往生者從這「中間世界」送往下一階段，對台灣人來說尤其重要。我曾經歷過台灣親戚的喪禮，和已經大幅簡化繁文縟節的當代日本相較，台灣的喪葬事宜在我心中留下了很強烈的印象。翻讀文獻資料可以發現，

古早時候的儀式又更加繁複，真讓我對老一輩的人們佩服不已。

提到送往生者到下一階段的方法，在以前的台灣，「撿骨」（日本稱之為「洗骨」）是再自然不過的習俗了（孩童或意外往生者不在此列）。人們會把過世親人的棺木擺在家中，舉辦各項儀式而後入土埋葬，經過一段歲月，再行挖掘出化為白骨的遺體，把遺骨清洗乾淨後再次下葬。人們認為若往生者只經過第一次下葬，將會一直保持亡靈狀態，不但無法庇蔭後代，還有帶來疾病與死亡的風險，故要在風水師選好的吉日洗骨，並在吉祥的方位二度下葬。如此一來，往生者方成為「祖先」，替後代子孫帶來幸福與豐潤。

一直到今天，台灣仍有代代相傳的男性「撿骨師」存在，他們一如往日台北帝國大學醫學教授金關丈夫在著作中所述，甚至具備了人體解剖學方面的知識。台灣一直到日本時代才導入火葬形式，一開始是出自公共衛生的考量，將感染瘧疾等傳染病過世的患者火葬，現今台北市中山區的林森公園（日本時代稱為三橋町）一帶，便是當時火葬場的舊址。不過，對台灣人而言，撿骨儀式可說是重視儒教「孝道」的漢民族社會象徵，台灣總督府怕導致抗日意識升溫，故未強硬要求施行火葬。

活躍於日本時代到戰後的小說家呂赫若，在其作品《風水》的情節中，敘述主角夢見沒有完成撿骨程序的亡父，責備他是不肖子，同時主角任性妄為的弟弟帶來一名風水師，把亡母的棺木給打了開來，書中勾勒出台灣人擺盪在被納入日本殖民地後引進的近代觀念與傳統文化之間的困惑糾葛。即便今日因衛生考量與土地不足等問題，火葬已成主流，台語仍會把兩者區別開來，稱經自然腐壞過程（土葬）的遺骨為「青骨」，火葬的遺骨則叫「熟骨」。

沖繩由親族的女性擔任洗骨作業

「撿骨」不光只是台灣獨有的習俗，沖繩與奄美大島亦有土葬、風葬等異曲同工的傳統形式。日本小說家島尾敏雄之妻島尾美保的文學作品亦觸及撿骨題材，只不過，相較於包括台灣在內的漢民族社會皆由男性出任撿骨師，沖繩一帶則是都由女性扛起這份工作，這點相當饒富興味。男人們把棺木從親屬與地域共有的墓地中搬運出來，接著由和死者血緣最近的女性打開棺木取出遺骨，再用菜刀把皮膚從化為白骨的骨頭上剝下，以海水與泡盛清洗乾淨後安置到骨壺裡。替自己的雙親與子女撿骨，對女性來說是很殘酷的作業，也因此在後來興起的女性運動推動下，火葬場於一九三九年設立，從此火葬成為主流。

海洋文化區的各地，古早即有複葬的傳統

或許是海洋文化自古以來的交流、流傳所致，就連在台灣對岸的中國福建省（尤其是客家地帶），還有東南亞各地，甚至遠及巴西、波利維亞等地的少數民族之間，都有關於撿骨的紀錄。在台灣長大的民俗學者國分直一提出他的見解，認為「在包括日本、沖繩在內的環東海地區裡，複葬（遺體歷經撿骨、移骨等數次處理程序後方入土埋葬，成為「祖先」）早自史前時代便是主流」。

的確，紀錄顯示古代日本人的確曾經行使複葬儀式。根據《日本書紀》所示，天皇駕崩後不會馬上讓其遺體入土安葬，而會移至「殯宮」安置至少一年半的時間。直到今日，天皇駕崩時依舊會採行這道「殯」的儀式，試想，在還沒有冷凍保存技術的古代，在殯宮的遺骨會於一定時間後化為白骨，之後再移入古墳安葬，這樣的過程委實與台灣的撿骨相仿。

《古事記》一書中講述了日本創造國土的神話，並描述伊邪那岐命到黃泉國尋找亡故的愛妻伊邪那美，卻看見妻子長滿蛆蟲、腐壞的模樣，像這樣的段落亦表現出人對死亡與不淨的恐懼。被譽為「沖繩學之父」的伊波普猷指出，他曾在沖繩某座島嶼見過一種風葬，令人聯想起《日本書紀》中所述，「天稚彥」死時親屬夜夜齊聚、飲

酒歌舞的橋段。

古時複葬傳統痕跡還能在山口縣土井濱遺跡，以及大分、和歌山、千葉等日本沿海古墳與遺址中覓得，然而，當佛教自中國傳入日本並普及後，隨著火葬成為普遍趨勢，複葬的習俗便幾乎消失無蹤。

黑潮與對馬海流波濤翻湧在日本與台灣之間，人們能在日台雙方看見許多連結交會，而自古以來，各式各樣的文化亦仿若海浪一般，不斷在日本、台灣以及周遭各地拍打、迴流，在如何面對人類「死亡」一事上，也不例外。「去蘇州賣鴨蛋」這句忌諱的話，或許也是其中之一。

「到蘇州賣鴨蛋」這個不祥俗語的起源，後來有一些台灣讀者告訴了我幾種說法。有人說是因為相近的「台語」發音（墳頭的「土丘」和地府的「土州」很像「蘇州」的台語發音），也有讀者提到是因為把鴨蛋放進棺材的習慣。

参考資料

小野高尚，《夏山雜談》，國立國會圖書館。
島尾美保，《海邊的生與死》。
《女性學辭典》，岩波書店，二〇〇二年出版。
國分直一，《日本暨我國南島等地之葬制問題》（日本及びわが南島における葬制上の問題），一九六三年出版。
國分直一，《環東海民族文化考》（環シナ海民族文化考），一九七六年出版。
大本敬久，《愛媛的傳承文化》（愛媛の伝承文化）。
呂赫若，《風水》，「南方．南洋／台灣」，黑川創編，一九九六年出版。
筒井功，《葬儀的民俗學》（葬儀の民俗学），二〇一〇年出版。
胎中千鶴，《葬儀的殖民地社會史／帝國日本與台灣的〈近代〉》，二〇〇八年出版。
平敷令治，《沖繩的祖先祭祀》（沖縄の祖先祭祀），一九九五年出版。
蔡文高，《洗骨改葬的比較民俗學研究》（洗骨改葬の比較民俗学的研究），二〇〇四年出版。

有緣千里來相會：
嫁到台灣的日本太太百年史

在台獨自承受著產後育兒的苦惱

在日本生產後，我在孩子一歲半大時再度回到台灣，這是自二〇〇六年國際婚姻之後，我第二次在台灣生活的起點。雖然同住的台灣夫家都對我很好，但語言障礙、文化背景不同，以及思考上的差異，有時會讓溝通不太順暢，不巧那時又是必須密切照顧孩子的時期，讓我失去了自己的時間，因而越來越焦慮。當時我身邊沒有能商量的朋友，也沒機會好好用日文表達自己的想法，晚上一躺下就淚流不止，有時候還會把頭埋在枕頭裡不斷大喊。或許是所謂的產後憂鬱症，但當時我只是一個勁地想著：「我是自己想來才決定過來的，不可以哭哭啼啼。」

那時候我還在親餵孩子，一晚得起床二、三次，慢性睡眠不足的日子持續了一年半以上。某天，我突然心一橫，想試試看讓孩子斷奶，結果得了乳腺炎。隨著心跳陣陣發作的疼痛彷彿籠罩了胸部，乳房發炎的熱擴散到全身，簡直苦不堪言，黏著我哭鬧的孩子令我極為疲憊，同時，又覺得自己竟對親生孩子有這種感受，實在既沒用又難堪。我拚命在網路上搜尋，想知道台北有沒有哪裡可以對我伸出援手，就這樣找到了「ne ne 會」。

和在台灣的日本太太們產生連結

「ne ne」是台語「乳房」的意思，二〇〇〇年設立的「ne ne 會」，是針對日本人，協助親餵母乳的組織。最近雖然在行政單位推動下，台灣也開始推廣親餵母乳，不過很多媽媽都會在生產後盡早回到職場工作，所以餵嬰兒母乳的風氣不像日本普遍。「ne ne 會」的核心人物，也是發起人的林小百合女士，擁有日本護士執照，主要活動內容包括拜訪新生兒家庭，舉辦關於母乳的優點、乳房及乳頭的疑難解惑、離乳與斷奶等各種主題的讀書會。有些剛來台灣不久，又正值懷孕或育兒期的日本女性，因為語言不通而陷入孤立（事實上當時我也是其中之一），每個月定期舉辦一次的讀書會，不但貼近與會者的煩惱，有時也能讓大家認識相似際遇的朋友。

我打電話給組織的負責人林女士，請教她該如何對付乳腺炎，也透露了自己的狀況。撥出電話的當下，我已有走投無路之感，只求一線希望，所以記憶有些模糊，搞不好是邊哭邊講。林女士或許是察覺到話筒另一端的氣氛，所以開口問：

「妳平常有可以商量的朋友嗎？」

我回答說沒有，於是林女士介紹了「撫子會」給我，說覺得我一定能在這個由嫁來台灣的日本女性所組成的團體裡找到朋友，那裡每個月舉辦一次例行聚會，不妨參加看看。

雖然我當時沒有成功讓孩子斷奶，但乳腺炎有所好轉，於是聯繫「撫子會」並參加了最近的一場聚會。那時的點滴我都記得很清楚，那時我一點一點地道出自己的處境，接著某個前輩把手溫柔地放在我的肩膀上，說道：

「大家都一樣～大家都是這樣走過來的。」

「我不是孤獨一人，很多前輩都跟我走過同樣辛苦的路。」我第一次出現這個想法。孤獨的個人跟社群連結後帶來了安心感，我就像是在寒冬裡凍傷的人被溫暖的毛毯團團裹住般，有了踏實安心的感受。

然而，我一直要到很久很久以後，才知道原來嫁來台灣的日本女性的歷史之複雜，一如從日本時代走到戰後、現代的台灣史一般，也才知道曾有那麼多日本太太，活在我無法與之相比的艱困處境中。

回溯日本太太在台灣的處境及形象

根據台灣內政部的資料，二〇一八年外國籍配偶總數為十八萬四千三百四十六人（不包括中國、香港、澳門籍），在這當中，日本籍配偶有四千九百四十三人，其中有二千六百三十六人是女性。從比例上看絕對不算多，不過，緊跟在越南、印尼、泰國、菲律賓之後名列第五名的日女台男婚配史，卻可以回溯至日本時代，綿延有一百年之久。

一八九五年，《馬關條約》割讓台灣，日本的殖民地治理正式展開，當時跟台灣人結婚的日本女性屬於「妾」的身分，籠罩在「不是什麼好女孩，幾乎都是風塵女子」（《台灣日日新報》一九一五年四月二十三日）的偏見之下。因為那時候台灣總督府雖然給台灣人日本國籍，卻沒有確立日台婚姻的相關法律制度。

接下來到了一九二〇年，為了促進台灣人與日本同化，法律開始受理日台跨國婚姻登記，其中最多的是台灣富裕人家的子弟到日本留學，進而與結識的日本女性結婚的案例。華南銀行創立者，同時也是台灣首屈一指的財閥「板橋林家」的林熊徵之妻，就是日本人。像這類嫁入台灣名門世家或富裕人家的日本女性不在少數，或許也影響到後來日本女性在台灣的「形象」。

第二次世界大戰結束以後，日本太太的處境變得截然不同。一九四五年日本投降，台灣被納入中華民國，蔣介石率領的國民黨政府掌握了支配大權，隨後於一九四七年爆發了二二八事件。不滿國民黨政權的民眾在台灣各地抗爭，遭到武力鎮壓，無數生命就此犧牲。尤其是受過日本教育的知識菁英被當作打壓對象，許多日本太太只好在恐懼中默默度日。

同一年，隨著在台日本人的集體遣返，而與台灣人結婚的日本太太，則被允許在歸化中華民國之後繼續留在台灣，遂有二百五十八名日本太太選擇放棄了日本國籍。（一九四六年／台灣日僑管理委員會調查）

大約在這個時期，日台跨國婚姻逐漸減少。當時在台灣生活的日本太太，要不是從日本時代便已嫁給台灣人，就是跟著台灣丈夫被從日本遣送回台。另外還有少數例子，是跟著國民黨政府從中國過來的日本太太。二次大戰後接收台灣的首任行政長官，也就是鎮壓二二八事件的陳儀，據說他的妻子也是日本人（雖然陳儀並未攜眷前來台灣，不過他的妻子隻身留在中國，不知道後來狀況如何）。

面對更為艱難的戰後時代

二次大戰剛結束的台灣，對日本太太來說是一段很艱苦的歲月。一九四九年，在中國內戰中敗給共產黨的國民政府撤退到了台灣，因為二二八事件，國民政府對全台灣實行戒嚴令，一直到一九八七年解嚴為止，進行了三十八年的言論管制，並打壓反政府運動。除此之外，國民政府也為了轉移台灣民眾對極權政治的不滿情緒，以維繫政權安定而推動了徹底的反日教育。不過，理由或許不光只有如此，對那些跟著國民黨一起從中國來到台灣的人而言，日本軍在中國進行的戰爭罪行，包括南京事件等從日中戰爭延續下來的種種記憶，都還相當鮮明，這點恐怕也有影響。某位我認識的日本太太就告訴我，那時候台灣的公務員主要由二次戰後從中國來台的人擔任，她當年住在許多公務員居住的地區，不時就會在市場或美髮店裡被欺負或背地裡講閒話，逼得她差點走上絕路。此外，很多日台跨國婚姻家庭裡的孩子，當母親是日本人的事實在學校傳開之後，就經常會有被扔石頭罵「日本鬼子」或被霸凌的情事發生，有的甚至會演變成拒絕上學的狀況。

在出入境管制上也有嚴格規範，許多人長達十多年無法返回日本故鄉。《跨越海洋的撫子》(*1)一書裡，收錄了許多不同背景，同樣在台灣生活的日本太太的珍貴故事。其中一位叫小林富子的女性講述了自己的經歷，說那時她收到通知，在日本的母親病危，但她的返國許可卻等了半年才下來，來不及送母親最後一程。在戒嚴令下，日本的圖書與唱片遭禁，公眾場合亦禁止使用日語，所以很難有機會享受日本的文化與娛樂。

更進一步說，日本人長久以來總是帶著優越感而瞧不起日本以外的亞洲國家，這份無知與冷漠，也折磨著嫁來台灣的日本女人；另外，不顧周遭反對與台灣人結婚的日本女性也不少，這些人無法依靠娘家，因此長年無法踏上故土。

相遇相知，共同思索在異國生活並致力改善的歷程

在這樣的情勢下，「撫子會」成立於一九七五年。那時，日本太太彼此之間很難有機會交流，後來有七名日本太太偶然在街上相遇相知，進而創立了「撫子會」的前身「大根會（大根意為蘿蔔）」，希望能互相幫助、分享彼此跨國婚姻家庭的煩惱。

之後，包括大幅改善外國籍配偶地位的組織「思考居留問題會」、負責日台跨國婚姻家庭中孩童雙語教育問題的「台北日本語補習校」，以及本文開頭提到的協助母乳親餵與育兒的「ne ne 會」等這些對於包括我在內的在台日本配偶有著莫大幫助的團體，都是以「撫子會」為母體而開枝散葉出去的。

串連日本太太的「撫子會」在台灣成立

「撫子會」是當年住在台北近郊，丈夫是台灣人的日本女性交誼團體。起初，期許能像蘿蔔（譯註：日文寫作「大根」）一樣扎根在土裡、健健康康地生活，所以將之命名為「大根會」，後來因為「大根」同時也是嘲笑日本女人「蘿蔔腿」的蔑稱，遂改名為「撫子會」。

此會成立之初只有七個人，當二〇二〇年邁入第四十五週年時，已經壯大到擁有約莫一百位會員，最盛時會員數還曾經超過一百六十人。每個月一次的定期聚會中，由於會員們從三十多歲到八十好幾都有，年齡層跨距甚大，所以話題內容也相當多元，諸如新開的日本料理店資訊、小孩的語言教育、歸化與身後事等等。不過近來由於網際網路普及，交朋友與獲取第一手資訊的機會也跟著多樣化，加上越來越多日本太太走入職場，團體規模也趨向小型化。

已故的K.U女士，因為長年擔任會長與顧問支持「撫子會」運作，而被稱為「撫子之母」。這樣的她當年也是在家人反對下堅持結婚，歸化成台灣人之後長達十五年未能再踏上日本國土。我在K.U女士生前曾有幸採訪她，詢問「撫子會」的種種，K.U女士在採訪接近尾聲時感慨良多地告訴我：

「孤單一人在異鄉獨自煩惱，對於心理健康來說相當不利。我希望大家都能找到頻率相合的朋友，盡可能迅速地適應環境，從而打造出健康幸福的家庭。我希望『撫子會』能成為這樣的據點，只要還有人需要它，『撫子會』就會長長久久地多存在一天。」

就在我採訪K.U女士前夕，才剛傳出一位住在台灣北部城市的日本太太自殺的消息。

對外籍配偶的種種限制

「撫子會」創立的前幾年，台灣與日本的局勢再次面臨劇變。一九七二年，日本政府與中國（中華人民共和國）締結邦交，發表聲明表示對中方所主張的「一個中國」

予以理解並尊重，從此實質上與台灣（中華民國）斷交。我在前面提過，這時台灣當局規定，日本太太須歸化為中華民國籍才得以取得居留權，然而當日台斷交後，無法符合台灣國籍法要件的日本太太們便無從歸化了。此外，當時的台灣政府並不認可外籍配偶的永久居留權，而且在那個年代裡，想以個人身分取得工作簽證的難度也非常高。所以，一九七二年以後才來到台灣的日本太太們，最長每三年就要更新一次居留簽證，想找工作也不容易，且一旦丈夫過世，就會立刻失去居留簽證，得放下好不容易建立起的一切，被迫返回日本，在極度不穩定的環境下過日子。

「若因法規限制，使妻子無法擁有職業，那一旦台灣籍丈夫因生病等因素而無法工作，就會讓全家陷入走投無路的處境。」

永井江理子如此說道。她在一九九〇年時，以日文老師身分被派來台灣，接著跟在職場認識的男性結婚，後來參與了外國籍配偶的相關運動，也曾在立法院公聽會上發言。

「現今的台灣不但承認同性婚姻，也被認為是亞洲地區擁有進步人權觀念的國家，然而在那個年代，台北郊外還能看到承辦與東南亞女性聯姻的仲介公司，在廣告看板上寫『保證處女，什麼苦都能吃！』等字句，離重視外國人人權的形象相距甚遠。

除此之外，那時候能取得居留簽證的職業種類相當稀少，曾經有過一個案例是日籍工程師為了監工客戶端的作業而出差到新竹，結果因為持有的簽證不准許從事勞務而遭到逮捕，被移送外國人收容所，然後強制遣返。」

台灣政府之所以對外國移民如此嚴待，一般認為除了國內人口過度稠密之外，透過限制來自敵對方中國的移民，以維護國家安全也是原因之一。在這樣的情況下，根本沒考量每個移民與入國者的個別狀況，另一方面，日本政府在守護日籍國民的人權上，也沒做出任何動作。

訴求外籍配偶的不當待遇，推動移民法

因為跨國婚姻而來台灣居住的日本太太們，各自的背景雖然大不相同，但仍可概略歸納出三種類型。

類型①：大多是年邁的日本太太，是台灣男性到日本留學後與日本女性相識結婚的類型。由於過往日台間經濟水準的差距，能從台灣到日本留學的人以富家子弟居多，所以這個類型大多屬於小康之家。

類型②：是在美國與澳洲等留學地點相識，後來在台灣結婚成家的類型，約莫自

一九八〇年代台灣經濟起飛後開始逐漸增加。

類型③：是被台灣或中華圈文化吸引而來到台灣留學或短期居留，隨後與丈夫相識的類型。由於目前台灣在日本正是人氣之地，這個模式今後應會持續增加。

這三種類型彷彿反映著隨時代改變的日台關係，看起來饒富興味，然而各個家庭的經濟情況當然各自大有不同。只不過，當日本太太想找工作時，台灣社會卻會因為類型①的舊時印象而對日本太太保有刻板印象，覺得「為什麼日本太太這麼有錢還要去工作呢」？致使她們求助無門。

其中，按照當時的配偶簽證規定，若與丈夫離婚或丈夫身故，將不准予繼續居留，是最大的問題。過去便曾發生案例，有位超過八十歲的日本女性因丈夫過世而必須立即返回無依無靠、沒有家園的日本，這是非常嚴重的問題。

而就在此時，「撫子會」的有志之士們挺身而出。一九九八年，「思考日本太太的永久居留權會」在撫子會中成立，除了台灣日本人會之外，也廣招台灣各地類似撫子會的日本太太團體（台中櫻會、台南南風、高雄向日葵會），舉辦座談會，討論如何從法律層面讓外國籍配偶得以永久居留，不但推動聯署，也參與立法院舉辦的公聽會。在當時的公聽會中，「友愛會」與「台灣歌壇」等主要由台灣受過日語教育的世代運作的團體也出力相助，聚集了超過二百人出面請願盡早制訂「入出國及移民法」（以下簡稱移民法）。一九九九年時，訴求改善在台外籍配偶的居留措施、使用日語運作的組織「居留問題研究會」，從「撫子會」中獨立出來，一直到今日。從當時開始就是該會核心成員的大成權真弓女士，在日本推出了新書體裁的著作《雙重國籍與日本》(*2)，在書中討論日台混血與國籍的問題。她說：「當年還沒有電子郵件，我們成員間彼此用傳真機往來辯論，這些紀錄排起來恐怕有好幾公尺長。接下來一直到一九九八年十一月立法院舉辦公聽會，還有在公聽會過後的日子裡，我們也幾乎每天去國會拜訪立法委員，持續表達我們組織整理出來的訴求。」

此時給予大力協助的人，是目前執政黨民進黨的創黨元老之一，二〇一九年過世的前立法委員謝聰敏先生。謝先生曾在國民黨戒嚴令最嚴峻的一九六〇年代，因為主張台灣獨立而數度遭到逮捕、拷問並且入獄。他在出獄後前往美國，看見美國議員們為了身為外國人的他四處奔走，讓他決定站出來協助日本太太們。

在前面提到的《跨越海洋的撫子》書中，謝先生如此陳述他這麼做的理由。

「當我得知日本太太的處境後，曾經在美國有過同樣經驗的我感同身受。」

「因為沒有能證明居留資格的那一張薄薄的紙，就連身而為人的權利都無法主張。」

一九九九年五月，該會的努力獲得回報，「移民法」正式制定，外籍配偶的永久居留權獲得認可，二〇〇〇年二月開始接受申辦永久居留證。那一年，台灣首次出現國民黨之外的政權，整個台灣處於巨大的民主化浪潮之中，這樣的時代背景也成為了助力。由日本太太們費盡心思，針對居留措施所提出的請願內容十分詳盡，想必對之後台灣的移民政策也發揮了某種程度的影響力。

對外籍配偶乃至新住民的政策逐一落實

「居留問題研究會」之後仍持續推動移民法的整備，一開始提出的各種目標，包括「永久居留權」、「准許日本人歸化台灣籍」、「若媽媽是台灣人則子女亦可取得台灣國籍（過去為父系血統主義，只有爸爸是台灣人的子女能取得台灣國籍）」、「以個人名義加入全民健康保險」、「免工作簽證即可從事勞務」等等，也與其他外國人團體共同合作，逐一推動立法。

在台灣，我能擁有一些版稅收入且不會觸法，去醫院能透過號稱世界第一的全民健保制度，以便宜的費用接受治療。現在的居留措施，讓我們理所當然地擁有這些待遇，其實這都是許多前輩為我們爭取來的。

大成權真弓表示，目前「居留問題研究會」的會員數已經超過四百八十人，然而仍有許多法條規範把外國人排除在外，未來還有很多事要做。

「有時候，我會覺得我們好像是煩惱諮商室一樣。陰雨綿綿的冬天裡，會有特別多的會員來諮詢精神暴力，或離婚之類的事情呢！（笑）」

如今被譽為亞洲首屈一指的台灣移民政策，其實與在台日本人社群密切關聯。尤其在關照外籍配偶方面，以十年為限的「外籍配偶照顧輔導基金」於二〇〇五年上路，並在十年內獲得新台幣三十億元的挹注；二〇一六年以後更名為「新住民發展基金」，每年編列三億元左右的預算，建置多國語言資訊網站，在國小針對移民開辦免費講座，帶他們學習當地語言，並認識台灣社會，打造出一個調和的多文化社會。不過，諸如家庭暴力、東南亞籍媽媽的小孩在學校被霸凌等，許多問題仍待解決。訪談最後，大成權說了這段話，令人印象深刻。

「移民第二代的孩子能成為橋樑，串連起父母雙方的祖國，從國家的角度來看，他們是蘊藏豐富可能性的寶藏。我們該體認這一點，並推動有利發揮此優勢的制度與教育，不論對日本或台灣來說，這是越來越重要的課題。」

註：

(*1)書名暫譯，本間美穗著，日僑通訊，一九九九年出版。

(*2)書名暫譯，筑摩，二〇一九年出版。

參考資料：

撫子會會報（撫子會發行）

台灣日日新報

中華民國內政部統計處

全國法規資料庫：https://law.moj.gov.tw/LawClass/LawHistory.aspx?pcode=D0080132

http://www.gaku-jutsu.co.jp/article/14726869.html

大成權真弓，〈台灣針對結婚移民女性與其家族的政策〉（暫譯），收錄於《全球化時代結婚移民女性與其家族的國際比較研究》，學術叢書，二〇一三年出版。

新住民發展基金一〇九年度預算案：內政部移民署。

前往台灣與夏威夷；跨越大海開闢新生活的海洋人：通訊雜誌《かむろ》中的沖家室島移民史

移居海外的日本漁業家族

二〇一八年十二月二十日，明仁上皇陛下度過了最後一個身為天皇的生日，他於此時發表的談話中，有一段讓我留下了深刻印象。

「今年，是我國開始往海外移民後，屆滿一百五十年之時。這段期間，許多日本人在他們所前往的土地上，不斷接受著當地人幫助，並付出孜孜不倦的努力，成為當地社會的一份子並發光發熱。」

日本列島自古以來即天然災害多且貧瘠，有不少日本人選擇離開，渡海邁向新天地。正如上皇陛下所述，特別是一八六八年明治維新以後，許多人紛紛踏上移民之路，近則往朝鮮半島、台灣、中國東北部，遠則前往夏威夷、巴西、秘魯等地，開拓他們的新生活。有個地方仍保有珍貴的史料，讓當時這些人的心聲流傳至今，那就是位於山口縣瀨戶內海的「沖家室島」。誕生於這座島嶼的通訊雜誌《かむろ》（譯註：音同「家室」），從一九一四（大正三）年創刊起，至一九四〇（昭和十五）年止，共發行了一百五十八期，在二十七年間牽繫著島嶼遊子與故鄉之間的情感。每一期刊物都會刊載來自世界各地的信息，有當時海外遊子的生活側寫與對新天地懷抱的熱情期許，還有他們對家人和故鄉的想念，以及在陌生異地的迷茫失措，這些內容讓當年的種種得以生動地流傳至今。

由日本政府從中斡旋的「官約移民」始自一八八五年，當時的外務大臣是井上馨，因此井上馨的故鄉山口縣送出的移民尤其多，其中，由周防大島移住夏威夷的島民更不在少數，而沖家室島正是隸屬於周防大島的小島之一。

環島長約四公里，總人口約一百三十人，沖家室島擁有日本最高等級的高齡化比例，號稱「長壽鄉」、「安享天年之島」。不過，這裡也曾經是瀨戶內的海上交通要衝以及首屈一指的漁村，不但相當繁榮，二次世界大戰前人口甚至曾一度超過三千人，居全日本人口密度之冠。沖家室島的居民，擅長使用當地傳統的「家室船」與「家室釣勾」以單根釣桿捕獵；為了尋找好漁場，他們會前往下關、伊萬里、平戶、對馬與朝鮮半島，還有台灣與夏威夷等地，進行漁業移民。造訪沖家室島上的蛭子神社，可以看到信徒捐獻的狛犬、石階及參道石頭上，刻著「檀香山」、「大島Hilo」、「高雄」、「基隆」等地名，訴說著船隊們勇敢朝外海航行的足跡。據悉，由沖家室島人構成的「家室會」不但遍布東京、關西、廣島、山口宇部等地，連夏威夷也有組織，會員數超過五百人。

發行記錄並聯繫海外族人的雜誌

「這是討海人代代傳承的島嶼。」

沖家室島唯一的寺廟泊清寺的住持新山玄雄，如此告訴我。新山住持約莫二十五歲左右，受過同鄉民俗學者宮本常一（一九〇七～一九八一）的薰陶，並自一九七五年開始發行繼承《かむろ》理念的小誌《潮音》，還將通訊雜誌《かむろ》復刻為書籍刊行。不僅如此，他更創立了「周防大島鄉土大學」，定期舉辦講座，力求活用鄉土學養，堪稱是沖家室島史的活字典。

據新山住持所述，不同於當時流浪各地的一般漁師，習於用最低標配備的「家船」巡迴於漁場之間，沖家室的漁師自江戶時代開始，便已組織現代化的船隊揚帆遠航。此時他們仰賴的，就是其作為「海洋民」所培養出來的各種技能，以及以島為媒介，擴散到日本內外的聯繫網絡。從島民們的話中可以得知，「（台灣）嘉義的阿姨」、「青島的伯伯」、「（夏威夷）大島的親戚」等都是日常生活中的話題，這令人遙想到，跟當代習於以國境和大陸為基礎的世界地圖不同，過去的確曾有一群日本人是以海洋為舞台，真真切切地以生命體現著全球化。

這一點，跟常被指為排他與封閉的日本人形象相較，似乎有不同的國際觀。

來到台灣基隆及高雄定居從事漁業

在台灣的沖家室漁民一開始定居於北部基隆，據一九一五（大正四）年一月的《かむろ》所示，當時約有四十人左右居住於此。後來，他們又往台灣南部，到當時被稱為「打狗」的高雄，一九一七（大正六）年約有六十四名沖家室人，群居在打狗港的要衝哨船頭。每期《かむろ》刊出的「基隆通信」與「打狗通信」裡，詳細記載著那時漁民的生活瑣事，好比說在沖家室人群聚的哨船頭町，正月時每個船頭都在家裡備好充足的酒水與料理，宛如在沖家室過年的氣氛。或者描述他們主要的漁獲，多半為眼眶魚、鯛魚、平鮋、旗魚等等，還有第一次釣到旗魚時，巨大體型讓人驚訝，捕魚能獲得多少收入，用延繩釣漁船從台灣前往菲律賓或印尼蘇拉威西島出航之事等等。

在夏威夷創立水產公司，代代相傳

至於夏威夷，來自周防大島的移民約有四千人左右，大多從事甘蔗園或開墾田地的繁重勞務，但沖家室的人們仍舊操持漁業。宮本常一監修的《東和町誌》描述，一九一六年時，大島 Hilo 有五十七名沖家室人居住，檀香山則有四十九人。他們活用聯繫網絡，全力發展夏威夷漁業。然而，一九四一年十二月七日珍珠港事變引爆了太平洋戰爭之後，淪為「敵性外國人」的他們，開始了苦難的日子。來自沖家室島，創立「大谷水產」的大谷松治郎先生，在珍珠港事變爆發當天，就遭到美國 FBI 強制拘提，包括其次子 Akira 大谷等日裔第二代，為了對美國表示忠誠，相繼投身戰地。

戰後，沖家室人帶動的水產業已成為夏威夷島的主力產業之一。今天，夏威夷島上以夏威夷蓋飯等新鮮海產聞名的「SUISAN」（Suisan Fish Market），其母公司就是來自沖家室島的松野龜藏先生在一九〇七年創立的「Hilo Suisan Campany」。沖家室的「海洋人」血脈，在遠離家鄉的異地與當地文化交融，代代相傳、綿延承續。這幾年，日裔第三代、第四代不斷有人為了尋根，而造訪周防大島與沖家室島，替這座人口日漸稀疏的島嶼，帶來新的交流，為地域新生注入新氣息。

回顧先民的海洋足跡，反思現今的日本移民社會

開頭引用的上皇陛下的致詞，接續著下面這段話：

「日裔子民接受著各國的援助，從而成爲其社會的一員並發光發熱。思及此事，我期許我們在面對從各國來到我國工作的人們時，也能視爲社會的一員給予溫暖的接納。」

日本在二〇一八年，出生人口已跌破一百萬人，未來日本將面臨嚴峻的人口減少問題，對外國籍勞動者的開放規模，無疑將更加擴大。如今，包括苛刻的勞動環境與孩童教育、歧視問題等，已然開始浮現，卻少有機會回顧日本人也曾經有過這樣的處境。

Kolas Yotaka的「豐」絕非「夜鷹」：從姓名標記事件思考多元社會與文化

我的名字是「ひかり」，羅馬拼音寫作「Hikari」。這個字的意思為「光」，是我父母幫我取的名字。對外國人來說可能有點拗口，英語母語者常常會在中央的「ka」加重語調，唸成「ke-a」；而對台灣人來說，開頭的「Hi」不太好發音，容易唸成「I-ka-ri」，因此初次見面時，我都會用中文請對方叫我「光子」（原本的名字「光」不好發音，所以加上「子」）。但先前採訪泰雅族之際，如同往常，報出自己的名字「光子」，對方卻跟我說：「請告訴我妳的名字真正的唸法。」讓我有點訝異。

到目前為止，我單純因為方便「對方稱呼」，而使用著「光子」這個名字。但在泰雅族人面前，則映照出我對於自己名字的意義有多麼遲鈍。那都是因為我這個「以日語為母語的日本人」，到目前為止都沒經歷過名字和語言被剝奪的艱難處境，毫無自覺地生活著。

不同於漢族姓氏的思考，原住民的名字與語言的傳承脈絡

二〇一八年，台灣的原住民約有五十六萬人，占總人口數的百分之二，共有十六個族群生活在這個島嶼上。台灣是他們原本居住生存的土地，但漢人移居，接著成為日本領土，之後更多從中國來的人和國民黨一同遷移至台灣。歷經清朝、日本統治、國民黨政權，在政權轉移中，被迫依照當時情勢變更、同化的，正是原住民族的「名字」和「語言」。

一九八〇年代，伴隨著台灣民主化的腳步，原住民的權利促進運動正式展開，其中最主要的是「恢復土地和個人的傳統名稱運動」（原住民族正名運動）。

這個運動的成果是「姓名條例」終於獲得修正，一九九五年原住民開始可以選擇

以自己的族名登記。大約與我同齡的原住民族，可以說是在反覆思考自己名字的身分認同中，度過了青春歲月。

台灣原住民的文化，不像深受儒家影響的日本人和漢人有「姓氏」概念，而是多以「自己的名字＋母親或父親的名字＋土地或自然的相關稱呼」來取全名，名字中刻印了對孕育自己的土地的自豪，以及和先祖的傳承連結，也是個人身分認同的所在。所謂「正名運動」，就是原住民族的人們取回自己的名字，恢復民族榮耀和身分認同的運動。

Yotaka 與 Yutaka 之網路爭議與惡意解讀

事情便是發生在這個「正名運動」的脈絡之中。

行政院發言人 Kolas Yotaka 為 Amis（阿美族）人（Pangcah〔邦查〕，譯註：Kolas 為花蓮玉里 Amis），希望大家能理解為何以羅馬拼音而非漢字標記自己的傳統原住民名字，但有人以 Google 翻譯將 Kolas Yotaka 名字中的「Yotaka」翻譯成日語的「夜鷹（夜行性候鳥）」，並說明在日語中有「妓女（私娼）」之意，這類文章在台灣的 SNS 社交網站上廣為流傳，而在 Kolas 的相關新聞頁面及其個人臉書上也出現大量留言，誹謗中傷她的名字。

Kolas本人曾在訪談中說明過，「Yotaka」這個名字繼承自她的祖父，她的祖父在日本統治時期曾經取名為「豐（ゆたか，以日語的羅馬字標記為"Yutaka"）」。

但是網路上針對這個說明的批判卻更加熾烈，出現了「豐的羅馬拼音是Yutaka才對，並不是Yotaka，日本人將台灣原住民命名為『妓女』，進行殘暴的統治」等等，明顯是針對日本人的惡意中傷。

從歷史來看，目前原住民身分認同的被剝奪，日本人的確是當事者之一。日本統治台灣時，許多原住民受到波及而失去生命，受到歧視，也是事實。目前台灣進行中的「轉型正義」，無疑的，也是日本人必須正視的重要問題。

但截至目前為止，依據過去參閱的原住民族相關研究和口訪資料，日本人惡意將原住民取名為「妓女」或類似名字的案例，則是前所未聞（若發現類似的例子，請務必與我聯絡）。更進一步來說，在網路上被熱議的「夜鷹」就是「妓女」這樣的語意，這個字在現今日本社會中等同於「死語」（譯註：曾經存在但大眾並不使用的用語），只能說Google翻譯的語言轉換機能有所偏差。

阿美語受日語影響的語言背景考察

要理解這個現象，最具說服力的應該是關於Amis（Pangcah）語母音使用方式的類推。也就是說，Kolas祖父在轉換日語的「豐（ゆたか）」寫成羅馬拼音時，有可能是混用了「ゆ（譯註：日語發音為「yu」）」和「よ（譯註：日語發音為「yo」）」，才會變成現在這樣。

Kolas Yotaka有Amis（Pangcah）的血緣，Amis（Pangcah）語的母音中雖然有u和o，但使用上並無明確區分，時常相互混用，已有語言學者研究指出此現象的普遍存在。

語言學者前田均的論文《台北縣政府『阿美語圖解實用字典』中從日語而來的借用語》，介紹了大約一百個左右受到日語影響的Amis（Pangcah）語名詞，其中如同將「Yutaka」標記為「Yotaka」一樣，母音u→o的例子可說是屢見不鮮。

中文	阿美（Pangcah）語	日語（日語羅馬字）
神父	simpo	神父（shinpu）
婦人會	focigkay	婦人会（fujinkai）
護士	kagkofo	看護婦（kangofu）

橡膠	komo	ゴム（gomu）
拖鞋	solipa	スリッパ（surippa）
管子	cyofo	チューブ（tyubu）
桌子	cokoi	つくえ（tsukue）
公車	paso	バス（basu）
褲子	panco	パンツ（pantsu）
梅	omi	梅（ume）
蝸牛	katacomoli	かたつむり（katatsumuri）
櫻花	sakola	さくら（sakura）
百合花	yolinohana	ゆりのはな（yurinohana）
南部鯉	nanpokoy	南部鯉（nanbugoi）
駱駝	lakota	ラクダ（rakuda）
練武	limpo	レンブ（renbu）
公務員	komoing	公務員（koumuin）

原本是日本名字，但使用與日語不同的標記方式，並且代代相傳，這證明了「Yotaka」這個帶有「豐饒」意義的名字已經成為Amis（Pangcah）語的一部分，以及顯示出獨特的民族自我認同。

此外，針對Kolas的誹謗中傷，明顯因為她身為女性才會延燒擴大，這也是很嚴重的問題，可以說是利用日語和日本文化，嚴重侵犯了女性以及原住民的人權。

原住民正名運動之異文化與語言理解的真義

名字和語言中蘊含著使用者的尊嚴和文化，無論哪個族群的語言都一樣。在這次事件中，我的母語日語，被惡意使用於誹謗中傷 Kolas Yotaka，讓我感到日語和日本文化受到蹂躪與傷害，但或許這是日本人過去曾經剝奪他人的語言和文化的報應吧。

為防止將來重蹈覆轍，不僅是台灣人，日本人也應該去思考這個有著重大意義的事件。尊重他人的語言和文化，同時也意味著珍惜自己的語言和文化。在這層意義上，誹謗中傷 Kolas 的人，或許也正在傷害自己的語言和文化。

在這之後，和台日關係有關的假新聞與資訊戰，發展到更加巧妙複雜的地步。想來今後台灣和日本攜手合作對抗假新聞的機會，應該會越來越多。

日本女性的刻板印象：
從台灣保險套廣告說起

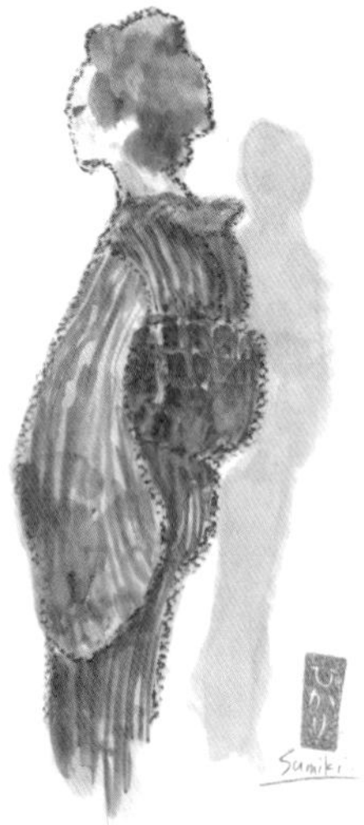

最近，我到附近的超市購物時，收銀台旁陳列架上的廣告吸引了我的目光，不禁停下腳步。架上商品是在全球擁有高市占率的英國保險套品牌「杜蕾斯（Durex）」，代言人是近年在台灣打開知名度的日本女星大久保麻梨子，她穿著露肩白洋裝，微露乳溝，化身性感女醫師，一手拿著男性保險套的盒子，面露微笑，上面的宣傳字句寫著「真觸感裝　為你解套」。

大久保原本在日本以寫真女星出道，現在則是活躍於台灣演藝圈的女演員，並在二〇一七年初與台灣人結婚，譜出日台聯姻的佳話。筆者身為同樣與台灣人結婚的日本人，看到大久保闖出自己的一片事業，為她感到相當開心，也很支持她。正因為如此，當我看到這次的廣告，心裡感到不太舒服，以下是我整理出的原因。

日本女性在台灣人眼中的多重涵義

在台灣，「日本女性」具有多重涵義。

第一，過去在台灣被稱為名門望族的家庭或是富裕階層當中，有很多與日本女性結婚的例子。原因是二次大戰前處於日本統治下的台灣，許多有錢人家的子弟到日本留學，當時邂逅的日本女性就成為結婚對象，這樣的例子不在少數，因此形成了「日本女性是淑女」的印象。實際上，二〇一七年在被稱為華人世界奧斯卡金像獎的金馬獎風光拿下多項大獎，票房成績也很亮眼，並且引起觀眾熱烈討論的電影《血觀音》裡，正是由大久保飾演台灣銀行家的日本妻子，散發出端莊賢淑的氣質。

第二，擅長料理和家事，默默為丈夫全心付出的溫馴服從印象。我好幾次被台灣朋友問到：「聽說老公在外應酬很晚回家，老婆也一定會做宵夜等候，是真的嗎？」「聽說老公洗澡時，老婆會幫忙擦背沖水，是真的嗎？」而且是非常認真的表情。

第三，台灣男性有很多人聽到「日本女性」時，首先浮現腦海的可能是「成人片」裡的AV女優。在台灣，基本上法律禁止成人片，因此市面上有大量來自日本的盜版流通。台灣男性在成長過程中，開始對「性」感到好奇的階段，有很多人第一次接觸到的即是日本AV女優拍的成人片，例如過去風靡一時的飯島愛、白石瞳，還有最近的波多野結衣等性感女星，都在台灣有一定的知名度。其實，此現象也不限於台灣，大家熟知的還包括在中國擁有超高人氣的蒼井空，而日本「色情商品」在韓國或泰國也都相當受到歡迎。

對日本女性的單一化刻板聯想

將以上這三個要素與作為商品的男性保險套結合，起用大久保擔任廣告代言人，帶給觀眾「淑女・溫柔・滿足性需求」等印象，不難讓人聯想到前封建社會下對女性的「理想」形象，正是我對這個台灣廣告感到不愉快的原因。反觀自己或是周遭的日本女性，每個人其實都生活得多采多姿，活躍於各領域，若被套上前述非常侷限的既有形象，我覺得很遺憾。此外，如果這支廣告的意涵是：現在的台灣男性也把這樣的價值觀正當化，那麼對台灣女性也太失禮了。

實際上，我詢問了身邊友人對於這支廣告的感想，有位女性回答：「有公司同事之前說『聽到是從日本回來的人妻，就會聯想到成人片』，我聽了當下非常生氣。」或是有男性提到：「當我說要去日本留學時，就被笑『不錯喔，到處都買得到成人片』。」因這支廣告而想起不愉快回憶的，也包括了台灣朋友。

社會對性及性別的保守傳統觀念依舊

根據近年統計，台灣 HIV 等性傳染病感染人數的增加率比日本還高，因此有必要透過廣告帶來的效力，讓更多年輕人知道使用保險套的重要性。可是就因為如此，以帶有性暗示的形象並起用日本女性代言，實在無法讓人苟同。

二〇一七年初，大久保接下這個商品廣告的代言人，若是追蹤大久保的 Facebook 貼文，可以看到她活潑開朗地呼籲男性使用保險套的重要性，比起賣弄性感，反而散發出健康清新的感覺，讓人充滿好感。即使如此，大久保本身也無法跳脫「日本女性」的束縛。如果目的是想讓觀眾印象深刻，大可以起用台灣女演員、模特兒、歌手等明星，這樣對年輕人的訴求力更大。然而，台灣雖然擁有亞洲第一個同性婚姻合法化國家的先進思維，台灣社會卻也有相當保守的一面，令人不可思議。其中，對於台灣女星而言，成為保險套廣告的代言人，在塑造形象上有很大的風險，於是這個部分就很委婉地起用日本女星來代言；有這樣聯想的，應該不只筆者吧？

而且，大久保本身並非性感偶像，而是一般女演員。如果將日本女性如此一以概之，可能對來台發展的日本女性造成不良影響。無意識地輕蔑女性的個體性，與近年日本發生的強迫拍攝成人片的人權侵害，本質上可說是相通的。同樣地，「杜蕾斯」在中國的廣告更加露骨，起用的中國模特兒穿著連身泳衣坐著，加上「kawaii—make me sexy」這句廣告詞，顯然就是意圖投射附隨在日本女性身上的扭曲性暗示。雖然不知道台灣這支廣告的製作人對於這些文化意涵有多少程度的認知，如果是在完全沒有自覺的情況下製作的，問題應該更加嚴重。

對廣告具有的影響力及呈現方式、符號意義的自覺不足

廣告是用「符號」堆砌出來的，把「什麼樣的商品」、「什麼時候」、「由誰」、「在什麼樣的情況下」、「如何使用」等要素組合後，在短時間內將訊息傳達給消費者。

在歐美，對於廣告所帶有的符號意涵是相當敏銳的，例如廣告是否帶有侵犯到誰的人權或尊嚴的訊息，是長久以來討論的焦點，又被稱為「政治正確」（political correctness）。因此，觀察近年的歐美社會，男性保險套的廣告裡鮮少有女性出現，原因在於男性保險套是男性戴的東西，使用保險套的對象也不限於女性。就算是邀請女性代言，也會因人種等不同文化屬性，不小心傳達錯誤的訊息。

相反地，在追求「政治正確」的同時，也激發出許多具有創意的廣告。例如，在海報正中央只放了一顆子彈，明確傳達了「沒有戴保險套的男性性器官就跟子彈一樣危險」的訊息。對於要求想像力和創造性的廣告界而言，不依賴流於輕率的點子，反而有助於提升廣告的品質。

即使是日本，在一九九〇年代製作的防治愛滋病的宣導海報，很多也帶有歧視成分。舉例來說，呈現帶有強烈性意涵的外國女性勞工，籠罩於巨大的男性保險套內。這是京都的美術學校學生，對於社會現狀抱持危機意識，想出嶄新的點子，發起引人關注的宣導運動。

從國際廣告發展歷程來看，台灣廣告界還處於發展中階段。我在台灣居住已超過十年，感受到台灣的飛躍性進步，然而廣告的表現手法，除了視覺設計變得非常時尚，仍在原地踏步。大部分是邀請明星或知名人物露出微笑，如果商品以家庭為訴求，就是一家幸福的日常裡出現該商品，多是單純的二元觀點。

如果要究其根本，「將日本製作與消費端輕視女性人權的惡質文化，原封不動地輸出到海外」的問題，更是積重難返。

從台灣LGBTQ電影看見未來台灣認同的「多元性」

LGBTQ電影《阿莉芙》的企圖

有一部二〇一七年上映的台灣電影《阿莉芙》，英語片名寫作「Alifu, the Prince/ss」，誠如「Prince/ss」這個詞彙所示，電影描述「阿利夫」本是台灣原住民族排灣族的王子，後來進行變性手術，以公主「阿莉芙」的身分繼承頭目。故事講述四位LGBT[*1]身分的當事人，如何在以異性戀為前提的夫妻形式與原住民社會的傳統規範中糾葛掙扎，而電影結尾更是令人驚奇。由於主角的女同性戀好友愛上了阿莉芙，「好友＝女同性戀」和「阿莉芙＝生理性別男性的跨性別者（變性手術前）」，竟在一場偶發的性愛裡孕育出了生命。最後，孩子和生母一起去見另一位「媽媽＝阿莉芙」，整齣電影即在此收尾。這是一部拍得很美的電影，全片以性別與性別認同為軸線，不斷對稱翻轉各種現象，讓劇中人物擺脫刻板印象，在種種繁複交纏的「擺盪」裡，淘洗出人人心中各自的夢。雖說片中仍不乏幾點令外界質疑之處，像是由非跨性別的演員飾演跨性別者而導致的刻板印象，還有對劇中的性暴力缺乏批判等等。即便如此，這仍是一部充滿企圖心的作品，試圖討論性別與身為少數民族的原住民等諸項議題，並成功打進各項國際影展。

這部電影也成為我和一位朋友間的談論話題。我朋友是位日本律師，主要經手在日外國人以及LGBTQ等社會少數人士的相關問題，他搭飛機來台灣時無意間點選了《阿莉芙》來看，覺得很感嘆，說從這部片看來，台灣對於多樣性的理解及接受，其進步程度恐怕是全世界屈指可數的。

個人議題即社會議題

二〇一七年，台灣大法官釋憲明指「不允許同性婚乃違憲」，在國際社會留下強烈印象，表達台灣雖不屬聯合國，仍是實現「立憲民主」的進步獨立國家。其實在這件事之前，台灣就拍過很多以性少數為題材的電影。

為什麼以LGBTQ為題材的台灣電影這麼多？這恐怕與一九六〇年代美國女權運動中催生出的「Personal is Political」（個人即政治）脫離不了關係，這句話指出社會議題往往是個人議題的擴大延伸。我們或許能說，台灣的LGBTQ電影是試圖透過描寫人類生活中最私密的性事，特別是性少數的煩惱與認同，來體現出台灣社會的現實與扭曲。

日本導演橋口亮輔採用類似手法，拍過《男色誘惑》、《寂寞的戀人啊》等電影，不過聚焦性少數者題材的日本電影不但稀少，更罕見把這項議題擴大至社會層面來探討。如今在日本，LGBTQ的人權問題漸受媒體關注，但LGBTQ人士表達「不想被聚焦關注」的聲音，也時有耳聞，換言之，日本人還是傾向認為「性方面的事屬於私人範疇」而避免觸及。

白先勇、李安、蔡明亮等大師的LGBTQ作品的傳承脈絡

來自台灣的世界級導演李安，也拍過如《囍宴》（一九九三年）、《斷背山》（二

〇〇五年）等以性少數為題材的名作。

《囍宴》可說是LGBTQ電影的經典作品，描述一位移民美國的年輕台灣男同性戀者，在保守的華人社會與美國社會間困惑糾葛的故事，電影調性幽默卻刻畫著深刻的人性。除此之外，電影《色，戒》以第二次世界大戰下的香港與上海為舞台，把國家權力位階與暴力投射到最為個人的「性愛」關係中，勾繪出橫陳在個人與家國間的「愛情」與「扭曲」，亦可說是架構在「Personal is Political」上的作品吧。

李安導演曾在訪談中說：「在現實世界裡，我一輩子都是外人，何處是我家也難以歸屬，不像有些人那麼清楚。在台灣我是外省人，到美國是外國人，到大陸叫台胞。這點我無能為力，但同時也是我自己的選擇，我自己的命運。我一輩子都會是個外人。」(*2)「沒有故鄉」的感受，與伴隨的身分認同問題，是被歷史擺弄的台灣社會必須從各個面向去面對的。

文學家白先勇，和李安同屬於戰後來自中國的移民族群，其代表作之一《孽子》（Crystal Boys），於二〇〇三年被改編為電視連續劇，細膩刻劃在性與身分認同間飄盪的青年，以及一九七〇年代戒嚴令下的台灣男同性戀面貌。

另一位來自馬來西亞的導演蔡明亮，同樣已公開自己的同性戀身分，他在作品中大量汲取性少數者元素，描繪生活在都會裡的人心孤獨，備受國際好評。

探索台灣意識與身分認同的糾葛

千禧年前後，台灣電影業急速凋零，作品數量大減。「台灣認同」隨著民主化的逐漸扎根，以及對中台關係的危機意識而迅速高漲，像呼應這股熱潮似的，電影《海角七號》（二〇〇八年）問世，台灣本土色彩鮮明的作品也陸續推出。

其中，二〇一二年上映的電影《男朋友。女朋友》，以一九九〇年代的民主運動野百合學運為背景，描繪一女兩男的友情與愛情，接下來又有《醉・生夢死》（二〇一五年）、《滿月酒》（二〇一五年）、《日常對話》（二〇一七年）、《自畫像》（二〇一七年）等引起討論的 LGBTQ 作品登場。本文開頭所提到的《阿莉芙》，則以少數民族與身分認同為題材，可說是台灣電影邁入新局面的示範作品。

然而另一方面，傳統・保守的看法仍然根深柢固，以宗教因素聯手保守派勢力發起的反同婚「公投」與各項政治問題，致使社會漸漸走向分裂，是有待觀察的現象。

孕育出包容多元性與寬容心的土壤

一般來說，愈是講求國家認同，排他性就愈發強烈。以日本為例，從發揚「國學」開始，直到明治時代型塑出「日本人身分認同」的國民之後，也開始強化對不同民族的同化，這股浪潮更波及朝鮮與台灣。近年日本右傾化的趨勢再起，對在日外國人的仇恨言論，已成為社會問題。

然而，細觀台灣認同展現的深度，似乎與日本徹底相反。把原住民、西班牙、荷蘭、清朝、日本、中華民國，台灣走過的歷史加以內化，讓台灣更台灣，孕育出包容各種族群的多元性，成為電影《阿莉芙》與同性婚合憲解釋的養分。台灣能與多樣性寬容共存，進而勾勒出美麗前景。我想這正是以日本人為首的外國人深受台灣吸引的原因吧。

註：

(*1) LGBTQ是女同性戀者（Lesbian）、男同性戀者（Gay）、雙性戀者（Bisexual）、跨性別者（Transgender）與疑性戀（Questioning）的英文首字母縮略字。

(*2) 引自張小虹著，〈愛的不可能任務：《色，戒》中的性—政治—歷史〉（收錄於《台湾文化表象の現在》，あるむ二〇一〇年出版，暫譯為《現今的台灣文化表象》）一文中的參考文獻：張靚蓓《十年一覺電影夢——李安傳》。

傾向「反同婚」的台灣社會的內在矛盾：地方選舉和「公投」的意義

二〇一八年十一月二十三日晚上，台北地標一〇一大樓亮起了「記得投票」、「公民權益」等文字，看起來好耀眼。一九八七年解嚴以後，在日漸民主化的台灣，「我們自己決定台灣未來」的自主意志很強，為了行使投票權，甚至有不少人特地從海外回國。二〇一八年的「一〇七年地方公職人員選舉」，通稱「九合一選舉」，從全國縣市鄉鎮首長到縣、市議員，甚至里長都一次決定，相當於日本的「統一地方選」。

十一月二十四日投票日當天，從一早開始，投票所就大排長龍，雖是慣見的風景，

仍感受到台灣人民主意志的高昂。

基於二〇一七年的公投法修正，大幅降低了成案門檻，使得這次與「九合一選舉」一起舉行的公投項目達到十項。家人的投票通知寄達時，我們都驚訝於罕見的厚重份量，因為這樣投票變得更複雜，任何投票所大概都得等上一到兩個小時。即使是這樣，投票率依然高達六十六・一一%，我想先對冷靜行使自己「一票」權利的台灣人致上敬意。

關於「同性婚姻」的五個公投項目

關於選舉結果，各報和專門研究者都已進行詳細分析，本文想提及的是和地方選舉同時進行的公民投票中，關於「同性婚姻」立法的五項倡議。

首先，高達十項的公民投票，到底是什麼樣的內容？投票結果如何？簡單說明如下。

在野黨國民黨等所提出，有關近年的空氣污染和食品安全問題的提議如下：（資料：中央選舉委員會）

第七案　你是否同意以「平均每年至少降低一％」之方式逐年降低火力發電廠

發電量？（盧秀燕領銜）

第八案

您是否同意確立「停止新建、擴建任何燃煤發電廠或發電機組（包括深澳電廠擴建）」之能源政策？（林德福領銜）

第九案「你是否同意政府維持禁止開放日本福島三一一核災相關地區，包括福島與周遭四縣市（茨城、栃木、群馬、千葉）等地區農產品及食品進口？」（郝龍斌領銜）

第十六案

你是否同意：廢除電業法第九十五條第一項，即廢除「核能發電設備應於中華民國一百十四年以前，全部停止運轉」之條文？（黃士修領銜）

這四項，都是多數同意通過。此外，二〇二〇年東京奧運，台灣不以使用至今的「Chinese Taipei」一名參賽，而以「台灣／Taiwan」之名參賽的提議（第十四案），因為選舉前對手陣營宣傳若通過此提議恐怕不能出場，呼籲運動選手們投「不同意票」，後來以十％的票數差距未能通過。

二〇一七年五月，大法官做成了「不承認同性婚姻違反中華民國憲法」的解釋，台灣成為東亞最早在法制上承認「同性婚姻」的國家；然而，雖然國際上大為謳歌其先進性，不過以基督教會團體為主而組成的「下一代幸福聯盟」，卻對此提出異議。

下一代幸福聯盟提出的公投案如下：

第十案

你是否同意：民法婚姻規定應限定在一男一女的結合？

第十一案

你是否同意：在國民教育階段內（國中及國小），教育部及各級學校不應對學生實施性別平等教育法施行細則所定之同志教育？

第十二案

你是否同意：以民法婚姻規定以外之其他形式來保障同性別二人經營永久共同生活的權益？

這次的公投，這三項全部都是「同意」票數遠超過「不同意」的票數。其中最怪的是第十二條。原本在釋憲兩年後，也就是二〇一九年的五月十七日以後，同性伴侶就能自動平等享有民法上「婚姻的自由及其權利」，因為這一條公投提案過關，卻必須以特別法的制定回應，而無法適用民法。關於結婚的法律，不論發生了養育子女或遺產繼承等問題，最強而有力的是民法，若根據特別法的內容，當事人的權利不一定能得到平等行使的保障。

我有一個朋友是男同志，他在 SNS 上吐露，想起自己因為性向在中學時所遭受的強烈霸凌經驗；也聽到很多在公投前後，因為反同婚的家人缺乏理解而絕望，甚至輕生的 LGBT 年輕人的故事。

另一方面，對抗「同性婚姻反對派」的 LGBT 人權團體，也提出了以下兩項：

第十四案

您是否同意：以民法婚姻章保障同性別兩人建立婚姻關係？

第十五案

您是否同意：以「性別平等教育法」明定在國民教育各階段內實施性別平等教育，且內容應涵蓋情感教育、性教育、同志教育等課程？

這兩項的結果，都是不到七百萬的不同意票凌駕了三百四十萬左右的同意票。也就是說，這次的公投，是對當時蔡英文政府於兩年施政中所推動的「反核」「婚姻平等」「獨立主權」的自由派方向，表明了「NO」的意志。

台灣社會的矛盾和破綻

從外國人的眼光看來，台灣社會乍看之下好像很先進開放，但是在家庭觀念上，還是有頑固保守到令人咋舌的地方。長期支持台灣民主化運動的基督教長老教會，是構成綠色陣營的主力，不過，他們投入教會團體的資金力量，發動強烈反同婚的負面宣傳，在選前透過電視節目或廣告、社群網站，影響了很多台灣人。

我的 LINE 群組也在選前出現綠營長輩說要同意「反同性婚姻」「反 LGBT 教育」「奧運正名」的內容。而這也表現在公投數字上，問及奧運正名與否的第十三案，得到四百七十六萬的同意票，但同意同性婚姻的是三百三十八萬票。

這差距表示至少有一百四十萬人，雖然抗議台灣在國際上的弱勢地位，台灣所遭受到的不公不義處境，但是對於台灣社會中弱勢族群所遭受的不公平，顯然並沒有感到疑惑。這次的公投揭示，關於台灣的主權、傳統的價值觀與經濟發展的展望，台灣社會內部所存在的矛盾與破綻。

還有一個問題，反對派所提出的第十／十一／十二項公投案，本身就已經違憲，因為大法官已釋憲：基於世界精神醫學會和 WHO 的立場，聲明性少數和異性戀者擁有相同的平等結婚的權利。

利用「公投」的多數力量，奪取憲法保護的「性少數」人權，是民主的倒退，大大損害了民主台灣的「立憲民主制」價值。關於這點，我覺得讓這些提案通過的蔡政府也有檢討空間，今後在公投事項上或特別法制定時，都有必要仔細規劃。

即使如此，仍然感到「對未來的期待」

然而，對於這樣的結果，筆者認為也並非完全不好，因為公投讓人民意志化為真實的數字，贊成同性婚姻的三分之一投票者，其實並不是小數字。投票日的前兩天，台灣的醬油老公司「金蘭醬油」推出廣告，描繪了女同志家庭帶著小孩的溫暖風景，傳達出支持同性婚姻的立場，而這支高質感的廣告也立即成為熱門話題。

有歷史的食品大廠，想來保守的客層不少，能這樣明確表達立場可說是特例。加上，針對這回首次參與公投的十八歲年輕人的民調，顯示贊成同婚者遠超過半數。

小小的燭火若不消逝，總會溶解冰層。我能窺見台灣社會的各方面都正在改變，而台灣的未來也讓我們有更多思考的可能。被譽為性少數平權運動推手的祁家威，在公投後的採訪中這麼回答：

「三十年前開始運動時，沒想過支持我們的人會增加這麼多，反同人數一半一半減少、挺同的人一倍一倍增加。」

「年輕人不要選擇結束生命，就像我活到現在一樣，未來一定更好！」（高彩雯翻譯）

致玫瑰少年少女們：
台灣同性婚姻合法化之路

「我今年想和伴侶辦婚禮，光小姐可以出席嗎？」

前幾天台灣朋友這樣問我，我高興到簡直要跳起來拍手了。她是女同志，在我思考台灣的 LGBTQ 狀況時，總會和我討論，是我打從心底喜愛的好朋友。不過，這幾個月來，對於台灣的同婚合法化是否能真的順利進展，我也感到很忐忑。台灣社會有非常保守的一面，去（二〇一八）年的公投結果顯示反對同性婚姻的人不少。

「亞洲第一」的快舉

二〇一七年五月二十四日大法官釋憲「不承認同姓婚姻違反憲法」，兩年後，也就是二〇一九年五月二十四日，基於民法或特別法，同性伴侶的婚姻即將得到承認。不過，二〇一八年十一月的公投，不支持「以民法保障同性婚姻」的民意高於支持者，所以將制定專法。

為了立法，共準備了三種草案。一個是行政院擬訂的，最接近民法，保障了性別平等。另兩案是反對同婚的基督教會團體等擬訂的草案，對同性婚姻的權利或保障，都較為限縮。

二〇一九年五月十七日經過立法院審議後，行政院版的專法二十七項全數通過。也就是說，台灣，不管在名義上或實質上，同性婚姻和異性婚姻幾乎是平等的，是亞洲第一個實現了同婚權利的國家。

我也參加了在立法院旁舉辦的支持者集會，看著大家喜極而泣的歡欣臉龐，不禁一起流下了眼淚。

如此，台灣，讓世界看到亞洲最先進的人權和平等的樣貌。我有緣長期生活於此，身為這裡的一份子，真心感到驕傲。

■成為霸凌犧牲者的「玫瑰少年」是？

能走到這裡，當然一路並非平坦的康莊大道，是許多人的犧牲所累積而成的一大步。

例如，被稱為「玫瑰少年」的屏東國中生葉永誌，他在學校因為被認為「像女孩子一樣」而長期遭到嚴重霸凌。二〇〇〇年，他在學校廁所裡成為倒在血海裡的遺體。因為這件事，促成台灣實施「性別平等教育法」，尊重性的不同氣質和傾向，「告訴世人，若只根據生物性別的平等思想，問題依舊存在」「也開始提到同性戀等性少數」(*1)，實現了遠比日本更高層次的性別平等。

關於葉永誌的記憶，在這次的同性婚姻合法化運動中，也被重新提起、敘述，創造了新的意義。像是蔡依林在公投之後發表了新歌《玫瑰少年》的 MV。MV 中，在穿著全黑西裝的舞群當中，只有 Jolin 一個人穿黃色西裝，看起來是異質的存在，但隨著歌曲的進展，大家都脫掉了西裝，幻化出千姿百態。

「別讓誰去　改變了你
你是你　或是妳　都行
會有人　全心的　愛你」

影像和歌曲中，都可以看到捨棄既定偏見的用心，這是向葉永誌伸出的手，也是勇氣之歌，獻給那些苦於和他人不同的青春期少男少女。

事實上，二〇一八年公投反同婚派獲勝後，據說有不少年輕人因為感覺被社會否定而自殺。二〇一九年，也有報導說一位因性向被霸凌的高中生，從高樓縱身跳下，雖然保住了一命，但是雙腿複雜性骨折，可能會留下後遺症。

不能再失去任何人

另一方面，不把性少數的苦惱當成別人的事，而是要「設身處地」當作自己的事來思考的支援行動，也在台灣日漸蓬勃。

二〇一八年秋天，台北市某國小因為學校圖書館裡收藏的英文繪本翻譯書《穿裙子的男孩》（The Boy in the Dress），遭部分家長抗議「不適合作為學校讀物」而希望圖書館下架。對此，男校長特地穿了裙子，一早在校門口迎接學生，傳達「尊重差異」的理念，成了社會話題。

新北市板橋高中的校慶活動「板中男裙—裙聚效應」，也引起了關注。為了促進對同婚合法化法案的關心，對抗性別的既定概念，在校慶當週，男學生和男老師「成裙結隊」。在活動影像裡，我們看到學生們說希望這個社會「大家都能活得像自己」，不要再因為性的氣質被霸凌，「已經不能再失去任何人了」。

日本啊，跟上吧

我認為，在日本很少看到這種個人運動連結上大型社會運動的現象。近年的日本，流行所謂「自己責任」的說法，若倡議少數者的人權問題，會被冠上「搞運動的」之類的名目，也看到很多把他們像異類般排除的論法，當今的日本，要在多數人裡發出異質聲，門檻似乎越來越高了。

相對的，在台灣，個人好像會先考慮自己能做些什麼，單獨思考和行動，不去管別人怎麼看待自己。有時候或許會被認為短視或缺乏客觀性，但是，若能將「總之，這樣下去不行」的感受傳遞出去，就會串起同情共感的連結。（高彩雯翻譯）

註：

(*1)引文引自赤松美和子、若松大佑編著，《台湾を知るための60章》第30章，〈性的マイノリティー運動〉（劉靈均翻譯）。

穿越八十五年歲月，「一張畫」結緣台灣與日本

「嘉義公園」　二〇〇二年／香港佳士得／得標價格五百七十九・四萬港元（約台幣二千零七十四萬元）

「淡水」　二〇〇六年／香港蘇富比／得標價格三千四百八十四萬港元（約台幣一億二千四百七十三萬元）

「淡水夕照」　二〇〇七年／香港蘇富比／得標價格五千零七十三萬港元（約台幣一億八千一百六十一萬元）

破題便突然談錢，實在誠惶誠恐。對於藝術的真正價值，我們很難用一套標準衡量，然而討論「物質」的價值時，價格有時候的確是最具說服力的證明。那麼，當我們在一座地處偏遠的小小圖書館裡，碰巧發現一幅擁有上億日圓價值的油畫時，這件事又會帶來什麼樣的衝擊與影響？文前所列分別在拍賣中高價售出的幾幅畫作，皆出自一位活躍於日治時代的台灣畫家陳澄波之手。

夢幻畫作，為何在山口縣防府市找到？

故事的發端始自二〇一五年。

住在山口縣防府市的兒玉識先生，是龍谷大學的退休教授。他在調查當地出身的政治家、第十一代台灣總督上山滿之進（一八六九～一九三八年）時，在和上山淵源匪淺的圖書館倉庫裡，偶然發現一幅老舊的油畫，上面署名「陳澄波」。

畫作名稱叫作「東台灣臨海道路」。

畫作後來被收錄在兒玉先生的著作《上山滿之進的思想與行動》裡。畫中可見長長的斷崖面向著大海，綿延而去。山腹上的蜿蜒小路，是於一九三二年開通的「臨海道路」，是今「蘇花公路」的前身，上面有一對穿著泰雅族服飾的親子正手牽手步行，海面上還漂浮著看起來是出自原住民之手的小船。木質畫框也相當有特色，材質看起來似乎是台灣蘭嶼「達悟族」造船用的木材，表面還雕刻著達悟族的裝飾。

二〇一六年九月二日，以上山滿之進的後人上山忠男為中心，由山口縣立大學的教授與學生，加上防府市的有志之士，組成「日台友好訪問團」，造訪嘉義，拜會了在「二二八事件」中殞命的悲劇畫家陳澄波的長子、陳澄波文化基金會理事長陳重光先生及其後人。希望藉由這幅多年後出土的畫作，讓日台交流更加升溫。

當被問到對於父親消失多年的作品在日本尋獲的感想時，陳重光先生回答：「就像和父親重逢了一樣。」

陳澄波在日本的名氣並不響亮，他是台灣具代表性的西洋畫家，主要活躍於日本時代，足跡遍布日本、台灣與中國。

嘉義市是陳澄波的故鄉，也是在日本引起話題的電影《KANO》的主要舞台。其實這座城市可說是個「美術之城」，除了陳澄波與林玉山等人之外，還有許多知名的藝術家也出身在此。

陳澄波負笈學藝於東京美術學校（東京藝術大學的前身），是首位入選「帝國美術展覽會（帝展）」的台灣人，還曾遠赴中國上海活動。太平洋戰爭漸趨白熱化之後，他自上海返抵台灣，以台灣美麗的風景為題材，留下「淡水」等多幅作品。

然而，國民黨政權從日本接收台灣不久，二二八事件爆發，陳澄波亦被牽連，並在一九四七年遭到槍殺，得年僅五十二歲。

陳澄波的存在，雖然於戒嚴期間長年未見天日，但當民主化漸趨成熟之後，逐漸獲得重視。他的悲劇與滿是鄉土愛的藝術感性，獲得爆炸性的支持，寫下文前提及的競標價格紀錄。

嘉義市則把每年的「二月二日」，也就是陳澄波的生日訂為「陳澄波之日」。實際走訪嘉義市，可以發現他的名字或者畫作的印刷品遍布各處。對台灣的民眾，特別是嘉義市民來說，陳澄波已然成為集眾人親近感與尊敬於一身的存在。

夢幻畫作「東台灣臨海道路」何去何從？

陳澄波受上山滿之進委託繪製的作品，在山口縣防府市尋獲，此事在台灣也掀起了話題。久居台灣的我，也非常希望能親眼欣賞這幅「夢幻畫作」，因而利用春節連假返回日本，拜訪了防府圖書館。

但事與願違，畫作早已不在原處。我向圖書館裡的員工詢問，方知這幅畫已與「福岡亞洲美術館」簽下十年契約，委託其代為保管，因為山口縣內沒有機構能保存這麼貴重的畫作。

的確，防府圖書館只是一間蓋在車站大樓旁的公立圖書館，座落在和平安穩的偏鄉城市，開放給普通市民使用，也難怪圖書館方擔心，「萬一遭小偷，可就大事不妙」。

可是，防府市也有「毛利博物館」跟天滿宮的「寶物庫」，山口縣內還有幾座美術館。我不禁疑惑，難道不能先和這些館處合作，暫時委託代管，再行思考往後的處置方式嗎？我不禁感到這段移送過程過於草率，彷彿一轉眼就突然成案，送交福岡。

防府圖書館的前身是「三哲文庫」。上山滿之進一生的夢想，就是孕育故鄉的文化土壤，這座文庫便是他以私人財產建置的地區圖書館。戰後，「三哲文庫」更名為「防府市立防府圖書館」，直到今日。

這張陳澄波的畫作，也是上山滿之進捐贈給圖書館的物品之一。「三哲文庫」陳列的一張老照片，完整捕捉這幅「東台灣臨海道路」靜靜凝望孩子們讀書的身姿。

山口縣民也不是很清楚，其實山口縣和台灣淵源深遠。十九位台灣總督之中，以兒玉源太郎為首，有多達五人來自山口縣。普及推廣了日本稻米「蓬萊米」的農業學家磯永吉，在撤離台灣後當上了山口縣的農業顧問。對台灣民俗研究貢獻甚巨的歷史學者國分直一，晚年一直在山口縣執教。台灣第一座百貨公司——台北「菊元百貨店」

的創業者重田榮治，以及人氣觀光景點——台南「林百貨店」的創業者林方一，也都是山口縣人。而山口縣下關市，則是清朝和日本締結《馬關條約》，割讓台灣的地方。

筆者雖然也在山口長大，但二十歲前離開之後，有很長一段時間，都對故鄉沒什麼興趣。直到最近，才發現台灣與山口的緣分竟如此深遠，並感受自己對山口的眷戀。我深刻體會，要對故鄉有愛，就必須認識當地的歷史、人物與傳說故事，因為對故土的愛，是一種將先人的心願，傳遞給未來的作業。

飽蘸「台灣之愛」和「故土之愛」的畫作

上山滿之進擔任台灣總督只有一九二六到一九二八年的短短二年，但有不少政績對今日的台灣社會仍有深遠影響。比方說，上山任職期間致力籌建的「台北帝國大學」，就是今日「台灣大學」的前身，台灣大學原原本本繼承了「台北帝國大學」包括建築物在內的各種系統與知識財產，同時亦為台灣歷任總統李登輝、陳水扁、馬英九、蔡英文等人的母校。

值得關注的是，上山對台灣原住民文化表現出高度理解，防府圖書館的上山滿之進資料室裡展示的大量新聞剪報，便是最好的證明，剪報記載著上山在擔任台灣總督期間，曾數度走訪原住民的居住地區。

上山離開總督職位時，更將慰勞金捐給台北帝國大學，委託大學進行原住民族的研究，完成《台灣高砂族系統所屬研究》與《原語高砂族傳說集》這兩本學術著作。從日治時代到國民黨政權，許多原住民文化逐漸流失，而上山在保存研究資料的貢獻上，可謂功績斐然。

上山利用編纂上述書籍的部分經費，委託陳澄波繪製「一幅畫作」，以紀念他在台灣的歲月，就是「東台灣臨海道路」。

陳澄波的出生地嘉義，座落於阿里山腳下，和以山為家的原住民族往來密切。

山口縣立大學的安溪遊地教授，是本次訪問團拜訪嘉義的重要推手，他認為：「畫裡描繪的東台灣臨海道路，應是一九三二年竣工的花蓮蘇花公路，就年份看來，上山應該參與了這項建設計畫。原住民族的生活環境，原本連一條好走的路也沒有，而上山總督大幅改善了他們的生活。陳澄波或許是懷著對上山總督的這份敬意來完成這幅畫作的。」

陳澄波文化基金會為訪問團安排了一場交流會，當時的嘉義市文化局長黃美賢也出席了這場活動，並於席間表示：「希望透過這幅畫作，嘉義市能與防府市加深友好關係，讓更多市民互相往來，促進交流。」

「東台灣臨海道路」這幅作品，由上山滿之進與陳澄波共同催生，畫中承載著改善原住民生活環境的「希望」與「祈願」。穿越八十五年歲月，這幅畫終於在二〇一五年重見天日。二〇一六年八月，新上任的總統蔡英文，也在就職演說中代表過往政權向原住民致歉，表示「原住民是台灣這塊土地上原本的主人」，「但卻長年遭到歧視」，成為歷史性的一幕。

另外，過去在防府圖書館裡看過「東台灣臨海道路」的市民，長久以來都誤以為畫中所繪的是當地稱為「富海」的海岸地帶。我曾經去過富海，經這樣一提醒，兩者還真有驚人的相似之處。我認為陳澄波可能不知道「富海」是什麼地方，但我想這個世界上，的確有著道理無法解釋的緣分。

二〇一一年東日本大震災時，台灣捐贈了巨額善款給日本。這件事成為契機，讓日本人重新注意到台灣這個溫暖的鄰居，電視幾乎每天都有台灣的話題，燃起了堪稱「哈台熱潮」的風氣。台灣與日本的關係並非始於今日，許許多多的過往牽連，以各種樣貌留存民間。這幅畫僅是滄海一粟。未來，說不定尚有類似的「發現」。

日台共同編織的台灣竹工藝歷史軌跡

「恐怕在世界上其他地方很難找到這樣的例子。這裡是最接近我們腦海中理想的工藝村，世上竟然真實存在著這樣的地方。」

被譽為日本民藝運動之父的柳宗悅（Yanagi Muneyoshi），是日本具代表性的思想家之一，當他在一九四三年來到台灣考察時，造訪了手工製作竹製品的村莊，並紀錄下前述的驚喜之情。

柳宗悅在日本統治下的朝鮮，被朝鮮陶磁器具吸引，他並未將其視為觀賞用的藝

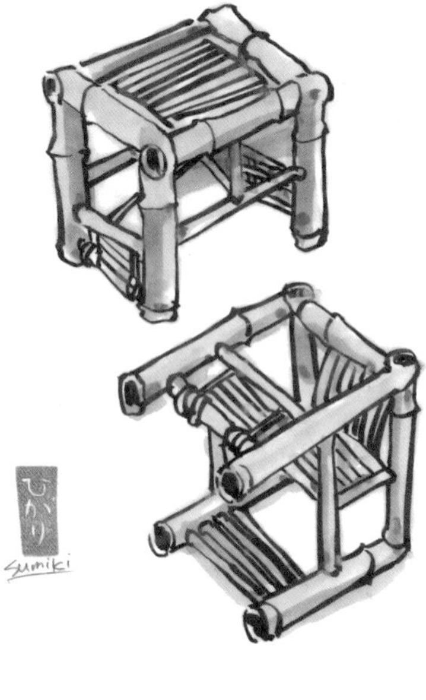

術品，而是當地居民依循風土民情，精煉創作出的日常生活器具，具有真正的美，他稱之為「器用之美」，而柳宗悅眼中的台灣竹工藝，也正體現了這種「器用之美」。

台灣竹工藝的作品成熟多樣，展現生活器物之美

擁有豐富竹材資源的台灣，自古便以竹子製作日常生活周遭的諸多器物。分割、裁切、彎曲、組裝、編織。清風拂來便會發出沙沙聲響的竹林，配合風土民情加工後，柔和卻有韌性地改變了姿態。從扇子、茶具、毛筆、雨傘等小型物品，到農具、背簍、椅、桌、櫃等家具，甚至嬰兒車、渡河用的船筏以及房屋，只要是生活中想得到的必需品，都能以竹材製作。

有一項特殊的竹製品，是將花籃製成長筒狀的抱枕，名為「竹夫人」，這是在酷熱的台灣才會出現的家具。橫臥時若將手腳放在「竹夫人」上，發散身體的熱能，就能舒服地度過炎熱而難以成眠的夜晚。

而稱為「母囝椅」（台語：bú-kiánn-í）的兒童座椅也很有趣，幼兒可以抓住的前側部分，放進切成圓環狀的竹材，可以旋轉滾動，成為小孩玩耍的巧心設計。隨著小孩成長，只要變換方向，就能當作兒童座椅。由於並未使用鐵釘，全由竹材製成，

非常堅固安全，讓人不禁佩服，也體會柳宗悅所謂的「器用之美」。

實際上，這些台灣的竹藝設計，深深擄獲了日本作家們的心。在民藝運動中非常活躍的知名陶藝家河井寬次郎，也受到台灣竹工藝的莫大影響，在京都的河井寬次郎紀念館中，還保有他為了自己幼女所製作的母子椅和竹製家具。

河井寬次郎曾言：「我認為，很少有工藝技術能像台灣竹製家具這樣，完全展現出『竹』這個材質的美麗與質感。」據他所言：「京都市外洛西的上桂，有一位叫作大八木治一的人，開設了日本竹製寢台製作所」，「此處大約有十位台灣人」，「替我製作各種我巧思設計的東西。」這個事實顯示當時的台灣職人被招聘到京都的工房，提供關於竹材的製造技術。(*1)

日台在竹工藝上的交流切磋

另一方面，日本的竹工藝也影響了台灣。日本統治時期，台灣總督府在竹工藝興盛的台南關廟和南投草屯，設置了「竹材工藝傳習所」，並有日本職人渡海前來技術指導。當時台灣的文化發展，有許多受到日本單方面的影響，但是至少在竹藝技術的領域，台灣和日本以對等的地位交流，相互影響，持續發展。

河洛、客家、西班牙／荷蘭、日本、戰後的中華文化，還有近年來重新受到評價的原住民文化，台灣的工藝正訴說著族群的繁複性，玉器、漆器、植物編織、陶瓷、金工、玻璃、染織、刺繡、製紙、木工等，種類繁多。其中，竹工藝展現了台灣和日本的完美融合，讓人深切感受到，唯有在多樣性的台灣，才能見到如此的「器用之美」。

竹製生活器物結合漆藝，孕育出更洗練的作品

戰後，畢業於東京美術學校（今東京藝術大學）的藝術家，同時也是台灣民俗研究者及教育家的顏水龍（一九〇三～一九九七），被譽為「台灣工藝之父」，在他的帶領下，南投草屯的「竹材工藝傳習所」於一九五四年改組為「南投縣工藝研究班」，其後數度更名，二〇一〇年成為「國立台灣工藝研究發展中心」，持續為台灣工藝的研究、技術保存和人才培育盡力。在此教授竹工藝的，是二〇一六年榮膺台灣人間國寶（重要傳統藝術暨文化資產保存技術保存者）名銜的李榮烈。

一九三六年，李榮烈出生於草屯，父親任職於郵局。十八歲時，他進入南投縣工藝研究班學習竹藝，是當時台灣竹工藝名家黃塗山的第一期學生，與竹藝結緣已超過一甲子。一九六〇年，日本的人間國寶飯塚小玕齋（Iizuka Shokansai）訪問台灣，李

榮烈也曾接受他的指導，更在一九七八年向漆藝家陳火慶習得漆器工藝技術，因此得以採用結合漆器和竹藝的「籃胎漆器」技法，進行創作。他與台灣工藝之父顏水龍也有深交，兩人曾共同製作「木製餐桌椅組」。

李榮烈的代表作，是以籃胎漆器的技法所製作的桌椅和茶具組。光是一個茶壺，少說也要花費一年的時間。在燻製後的竹編胎體上多層敷塗生漆所製作出的茶具和竹籠，帶有深沉的色彩韻味，溫潤與堅韌並存。

正如河井寬次郎所言：「生活就是工作，工作即是生活。」李榮烈的作品，也令人感受到對於樸素而明朗的手工製品所懷有的喜悅。那麼李榮烈就是一位職人？也不盡然，因為他的工作室裡沒有完全相似的作品。

「每當完成一件作品之後，我就想要挑戰更加困難的事物。」

被問及是否接受訂製？

李榮烈說：「很少。因為我都是自己心裡想做，才開始著手製作。」

或許可以說，李榮烈已化身為「竹」本身，在南投草屯這塊土地扎下廣闊深厚的根基，吸收多樣的技術，累積經驗，增進強度，就算已年過八旬，仍在當地盡心盡力地培育後進。透過李榮烈的作品，我們看見生活和工作結合後，孕育出柔和溫潤之美。

註：

(*1) 昭和十六年八月號『月刊民藝』的竹藝特輯之中，刊有柳宗悦、式場隆三郎和河井寛次郎的鼎談，引用自民藝七三七號，寛次郎之孫女・鷺珠江的文章。

狛犬：
連結台灣與日本的日常藝術雕塑

屹立在日本神社入口的「狛犬」

狛犬，乍看之下每尊長得都差不多，仔細比對則會發現它們各有豐富的表情與模樣，關東、關西、九州等不同地區也各有特色，可見狛犬的世界其實還挺深奧的。

台灣習慣在寺廟建置獅子雕像，但除了石獅之外，也不乏日本式的狛犬，是日本時代奉納予神社的日式狛犬。二〇一七年，研究狛犬的專家提出一項假說，認為：「台灣日本時代遺留的狛犬，跟山口縣的狛犬有許多共通處，或許有一批台灣狛犬的原鄉

就在山口縣。」

有一批台灣狛犬源自山口之說

山口縣山口市裡有一尊狛犬，是引起「說不定有一批台灣狛犬老家就在山口」這個假說的源頭，也就是製作於一九三三（昭和八）年，位於「今八幡宮」裡的狛犬。這尊狛犬的臉像日式點心「最中」般是扁平的長方形，具裝飾性的鬃毛，造型相當搶眼。戰前建於「台南神社」，即台南忠烈祠山門前的狛犬，和山口縣這尊狛犬長得幾乎一模一樣。台灣石獅研究專家編著的《台灣石獅圖錄》(*1)一書中指出，這尊台南狛犬的特色是「阿形狛犬口中含珠，雄性性徵非常寫實」，這點也跟今八幡宮的如出一轍。

狛犬的起源眾說紛紜，主持山口縣狛犬愛好組織「山口狛犬樂會」，也擔任介紹電視節目〈狛散步〉解說員的藤井克浩先生表示，有一說認為東方古文明中，把獅像當成神明的守護神，即是狛犬的源頭。埃及的人面獅身像，經由絲路傳到印度，再和佛教一起流布到亞洲各國，化成了中國的石獅、新加坡的馬來獅、沖繩的風獅爺，並在飛鳥時代傳入日本。

今日所見的狛犬造型，約始於平安時代。中韓兩國廟宇中的獅子像，大多是左右對稱造型，但日本狛犬多採「阿吽」風格，一尊張口意指「阿」，另一尊閉口表達「吽」。藤井先生推測，這可能是因為日人偏好左右不對稱的美感，使得狛犬在日本有此獨樹一格的變化。鎌倉時代後，狛犬文化從關東地區拓展到全日本，流行起具各地特色的「大阪型」、「出雲型」、「尾道型」狛犬等。

各地風格順著日本海、瀨戶內以及陸路等，傳入本州西端傍海的物流據點，即今日之山口縣，發展出獨具特色的「山口狛犬」。山口狛犬以鄰近瀨戶內的周南市（舊稱德山市）為中心茁壯發展的要因，是周南市近海的黑髮島盛產高品質花崗岩「德山石」，吸引技藝精湛的石匠聚集於德山所致。

台灣各地狛犬與山口縣各地狛犬的共通點

台灣狛犬與山口狛犬的共通處，歸納有下列幾點(*2)：

1. 垂而長的耳朵
2. 眉毛捲曲似繩
3. 半圓形向外凸出的眼睛
4. 「阿」像張開的口中，利齒上下排相觸，使上下顎呈拱橋形相連。

5.「阿」像口中有可動式的玉珠
6.「哞」像頭上有似瘤的小角
7.捲曲的鬃毛聚攏於頸部
8.軀幹上有許多圓弧線條匯成漩渦圖紋
9.尾巴為豎長形，有螺旋毛紋。
10.從正後方看，尾巴毛從中往左右外捲，中央處另有毛紋呈蕨手圖樣。

從山口縣全境來看，這些特徵集中於下關市至周南市一帶，我在「山口狛犬樂會」藤井先生的引領下，探訪符合特徵的狛犬。

與山口縣下關市「龜山八幡宮」的狛犬頗為相似的台灣狛犬，位在劍潭公園入口處，即一九〇一（明治三十四）年落成的「台灣神宮」舊跡（今圓山飯店）附近。這尊狛犬高一百七十公分，是日本時代遺留的狛犬中體型最大的。相較之下，「龜山八幡宮」的狛犬造於一八七四（明治七）年，早了近三十年，雖然體型比台灣那尊小，仍有許多共通點，如妹妹頭般的髮型與長長的垂耳、繩結似的眉毛、凸出的半圓形眼睛等，的確像台灣神社狛犬的原型。

「和美金刀比羅社」（今和美德美公園）位於彰化縣和美鎮的製糖工廠中，奉納於此的狛犬（一九一六／大正五年），和山口縣山陽小野田市「津布田八幡宮」的狛犬很相似，這尊狛犬完工於一九一二（大正一）年，出自工匠西山五郎之手。此外，下松市「深浦八幡宮」、周南市「二俣神社」，以及「賀茂神社」等地的狛犬，也與前述舊「台南神社」的狛犬相似。

狛犬自山口渡海來台灣的推測

為何狛犬從山口來到台灣？

最可能的原因，是興建台灣神宮（台灣神社）以祭拜殞命於台灣的北白川能久親王時，擔任台灣總督的兒玉源太郎就來自山口縣周南市（舊德山）。根據《台灣石獅圖錄》記載，這尊狛犬是一九〇二（明治三十五）年由日本陸軍高層奉納，也許就是兒玉源太郎。十九位台灣總督當中，就有五位來自山口縣，山口縣與台灣的連結甚多，由此便可看出(*3)。紀錄顯示，台灣神宮參道（今台北市中山北路）的「明治橋」（今中山橋），是由山口縣產的德山石製成，推測當初應有許多石匠與德山石一起來台，建造橋樑時也製作了狛犬。

這些狛犬於二戰前從日本渡海來台，隨著戰後台灣居民的組成漸趨多元，狛犬也有了各種不同的際遇。二〇一七年，台北市士林區指定文化財「圓山水神社」裡的狛犬遭竊，後來又發生噴漆辱罵日本殖民統治的事件。另一方面，彰化縣和美（舊金刀比羅神社）的狛犬，則在一度致贈給南投之後，又在和美當地民眾的請願下，於二〇〇五年回歸和美。

近來日本出現越來越多喜歡走訪各地，欣賞狛犬並拍照留念的粉絲，甚至有以狛犬為主題的同人刊物問世。

藤井先生（山口狛犬樂會）對我說：

「狛犬是常見的雕塑藝術，帶給人樂趣，增進對家鄉的感情，還能為日常生活帶來新發現。從身邊的狛犬開始，讓想像力跨越海洋到台灣，也是一番趣味。」我認為，「美術」或「藝術」，與人類生活息息相關。藝術是活的，若無人賞玩、維護並深入思考，藝術無法長存。在這層意義上，狛犬或許已成為一種藝術作品，重新回歸現代社會。

註：

(*1) 陳碗磚著，貓頭鷹，二〇一三年出版。

(*2)《山口狛犬樂會》網站——《狛犬が結ぶ山口県と台湾》（元・吉川英治記念館学芸員／片岡元雄）https://drive.google.com/file/d/1AhB1QdB5GJ6syxg5YvD0hv6kavWhChHU/view

(*3) 參見拙作《山口，西京都的古城之美：走入日本與台灣交錯的時空之旅》，幸福文化，二〇一八年出版。

美麗的故鄉，台灣：灣生畫家·立石鐵臣

■在台灣受到肯定的立石鐵臣

立石鐵臣活躍於戰前的台灣美術界，也親自參與了紀錄台灣風俗民情·工藝的雜誌《民俗台灣》、《媽祖》的封面和插畫繪製，當時在台灣是相當知名的畫家。《民俗台灣》裡，可以看到在台南關帝廟前手工編織竹藝品或製作蠟燭、線香的師傅，以及婚喪喜慶等傳統習俗。立石根據仔細描繪的素描，製作出栩栩如生的木版畫，如實傳遞了當時台灣人的生活情形，是相當珍貴的資料。從一九七〇年代起，立石在台灣

即受到一定的評價。

近年，伴隨台灣民主化的成熟，立石鐵臣再度受到矚目。出版超過十年以上、已經絕版的書籍《灣生．風土．立石鐵臣》[*1]於二〇一六年再版發行，同年度台灣國際紀錄片影展上，全球首映的「灣生畫家——立石鐵臣」[*2]，電影票銷售一空，並榮獲觀眾票選獎，形成不小的話題。

戰後回到日本的立石，回想台灣生活而繪製了一本《台灣畫冊》，其中一幅畫作，描繪台灣人聚集基隆港送行的景象；他們看著遣返船離去，用當時被禁止的日文合唱「螢之光」（「驪歌」原曲），畫作上重複寫了三次「吾愛台灣」，還用紅筆點綴著強調符號，彷彿在心中吶喊，也在台灣年輕一代引起共鳴。

立石鐵臣於一九〇五年出生在台北，排行家中四男。九歲時，隨父親轉調日本內地工作而離開台灣。在台灣出生、成長，對他往後的人生產生了莫大影響。

身體虛弱、個性內向的立石，比起和同學玩耍，似乎更喜歡畫圖等可以獨自完成的活動。他冷靜且孤獨的觀察力，或許就是這時期培養的。十四歲時，他搬到鎌倉；十六歲時跟當地畫家學習日本畫，用心畫了周圍植物。二十一歲時，他追隨同樣搬到鎌倉的洋畫家——以「麗子微笑」聞名的岸田劉生（Kishida Ryusei，一八九一～一九二九），轉而學習西洋繪畫，並在美術展覽中多次獲獎。岸田過世後，他轉向日本近代美術界大師——梅原龍三郎（Umehara Ryuzaburou，一八八八～一九八六）習畫。

師傅的期待反而造成壓力

梅原帶給立石的影響相當深遠。他向梅原習畫以後，陸續獲得大獎，展現過人才華，梅原對他寄予厚望：「將來一定在日本畫壇占有一席之地。」根據府中市美術館學藝員志賀秀孝先生表示：梅原應該也注意到，立石對色彩的敏銳度，與一般日本人不同，與生俱來的天分，讓人聯想到熱情的南國陽光。

然而，立石的家人日後回顧道：對戰後的立石而言，梅原的高度期待反而對他的畫家生涯造成莫大壓力。

在梅原推薦下，立石從一九三三年（二十八歲）開始，數度拜訪台灣，並記下出發前的「返鄉」心情。

「台灣是我的出生地，在記憶中，台灣是天堂，也是童話的國度……強烈奔放的南國風物將帶給我新的夢想，讓我沉浸在創作的喜悅之中，渾然忘我，……」

立石懷著雀躍不已的心情回到台灣，留下多幅描繪台灣風景的油畫，並且與陳澄波、楊三郎、李梅樹等台灣畫家一起創立台陽美術協會，是唯一的日籍創辦人，也是少數受台灣人喜愛的日本人畫家。台灣的同儕畫家將立石的畫風稱為「台灣的梵谷」、「灣生後期印象派」等，給予高度評價。令人遺憾的是，立石許多戰前的作品，至今依然下落不明。

之後，立石接受台北帝國大學委託，從事標本畫製作，投入昆蟲或植物細密畫的創作，也與人類學家金關丈夫（Kanaseki Takeo，一八九七～一九八三）、民俗學者池田敏雄（Ikeda Toshio，一九一三～一九七四）、文學家西川滿（Nishikawa Mitsuru，一九〇八～一九九九）等人密切交流，並參與雜誌《民俗台灣》的編輯。當時，日本統治當局積極推行皇民化運動，撤掉媽祖像和土地公像，改設天照大神神棚，在這樣的時代，雜誌《民俗台灣》和《文藝台灣》的發行，並不受當局歡迎，但是那充滿熱情、好奇心、情感與幽默的風格，且紀錄下許多消失的台灣文化，乃人類學上無可取代的珍貴資料。

戰爭結束後，立石與民俗學者國分直一（Kokubu Naoichi，一九〇八～二〇〇五）等人，以技術人才身分，暫時被國民政府留用。他居住在今台灣師範大學附近的溫州街，並於台北日本人學校（台北日僑學校）擔任美術教師。

二二八事件（一九四七年）爆發後的一九四八年十二月，立石返回了日本。他繪製圖鑑的插畫來維持生計，在日本畫壇上沒沒無聞，直到一九八〇年過世，享年七十五歲。

二〇一五年，銀座「泰明畫廊」舉辦了他的回顧展。二〇一六年春，東京府中市美術館舉辦首次大型回顧展「立石鐵臣展——獻給美麗的故鄉『台灣』」，終於讓立石鐵臣在日本畫壇上取得評價，並肯定他的貢獻。

花費了七十餘年時間

乍看之下，立石隨著不同時期而不斷轉換畫風，令人難以掌握。然而，不管是哪個時期的作品，每幅都令人過目難忘。

戰後至今已過了七十餘年，立石鐵臣卻在日本畫壇完全遭到漠視，或許與戰後日本人對台灣的態度有關——看完紀錄片《灣生畫家——立石鐵臣》，突然浮現如此想法。

談論日本近代美術史時，對於日本統治下的台灣、朝鮮、滿洲等「外地」美術潮流，無法避而不談，但超過半世紀以上，日本近代美術史尚未對日治下的台灣美術做出定位，原因之一可能是遣返時行李重量的限制，導致在戰前台灣受到矚目的作品失傳而無法評價。此外，戰後的日本人，長久以來對「灣生」的存在，以及台灣這塊土地漠不關心，也反映在畫壇中。

返回日本後，立石不曾再訪台灣，即使對台灣懷抱強烈的思慕，卻將它壓在心底，充滿屈折地活在自己的戰後。

發生東日本大地震後，台灣民眾慷慨的援助，讓日本社會對台灣的態度大轉變。每個月雜誌都推出台灣特輯，介紹台灣的書籍也大量出版，電視節目幾乎每天都有台灣訊息。過去對台灣的負面印象，被美食小吃、觀光購物、療癒身心等話題取代。如今，日台間的距離，應是戰後以來最接近的。

夾在日台之間，默默畫下許多作品的灣生畫家立石鐵臣，作品中有關台灣的點滴，彷彿從歷史泥沼中被掏洗出的沙金，閃爍著他對台灣的深愛。

註：

(*1)邱函妮著，雄獅美術出版。

(*2)導演郭亮吟、藤田修平，日本·台灣，二〇一五年出品。

參考文獻：

泰明畫廊，〈立石鐵臣展——生誕一一〇週年〉，立石雅夫·森美根子·志賀秀孝的評論，泰明畫廊，二〇一五年。

府中市立美術館，「立石鐵臣展——美麗的故鄉『台灣』」，二〇一六年。

台灣與日本，「促咪」的萬華鏡

大猩猩研究者山極壽一先生，任職京都大學校長時的口號是「做些促咪（おもろい、omoroi）的事吧！」（《京大校長，向大猩猩學習生存之道》，朝日文庫，二〇二〇年出版）

據山極先生說，在京都，「おもろい」這個詞，和日語一般說「おもしろい」時的「有趣」或「可笑」有點不同。感覺上京都的「おもろい」，含有連不同領域的人都會傾聽的價值，讓人們願意一起參與將「おもろい」發揮到極致，也與「藝術（ART）的發想」相通。在書中，他說藝術的起源是，以全心全靈「憑依某些事物，以此心重新凝視世界」。

從上大學以後，我在京都待了十年左右，很能理解山極壽一先生的「促咪」說法。我的母校是京都市立藝術大學（簡稱「京藝」），在台灣並非名氣響亮的藝術大學（不是京都市左京區的「瓜生山學園京都藝術大學」），但歷史悠久，更早於東京藝術大學。京藝前身是一八八〇年（明治十三年）成立的京都府畫學校，是日本最古老的藝術大學。雖是這麼說，音樂科和研究生，加起來也才一千人左右，是很小的學校，不過，活躍於國際舞台的藝術家校友很多卻是敝校的特徵，像是在台灣也很知名的草間彌生（中退）、Dumb Type、田中敦子、柳美和（やなぎみわ）、矢延憲司（ヤノベケンジ）、高嶺格、名和晃平、金氏徹平等，都是校友。回想起來，京藝這間學校，是極重視「促咪」的學校，那時候認識的朋友們，創作的原動力也真的是「促咪」；「那很促咪啊」、「這件作品好促咪啊」，是最高級的讚美。

這次的散文集《台日萬華鏡》，整理了我從二〇一六～二〇二一年在日本媒體上發表過的文章。再次重讀後，自覺到自己寫作的標準，無疑也是「促咪」，亦即文章背後是否涵藏了無限的對話可能？如果借用山極老師的說法，就是想全心全意「憑依『台灣』，重新凝視世界」，這也是藝術化的過程。尤其是因為我發表文章的媒體『nippon.com』，是設有日文版和中文版雙語的特殊媒體平台，所以我在寫作時特別留意，希望不管是日本或台灣的讀者都能感到促咪，也因此學到很多。

有時候，寫作過程可說是人仰馬翻，特別辛苦。例如關於「核食」的文章，那是編輯部交給我的題目，雖然到了現在，台灣的輿論已經變化，狀況不再如同當時緊張，但是在撰文的二〇一八年，我不知道身為日本人的自己，到底該如何動筆，痛苦了一個多月。讓我得以突破心理重圍的，是在美甲沙龍聽我說話的徐嘉君。在（當時的）行政院發言人 Kolas Yotaka 談論假新聞的問題上，日本的語言學學者山崎直樹，跟我說了決定性的重要資料。好友水瓶子和高彩雯，也時常給我各種建議。而在日本捐助台灣疫苗之後，相關的假新聞在日本掀起話題，透過多次和北海道大學的許仁碩討論，我發表了反駁文章（未收入本書），獲得高達二百萬次以上的點閱。這些事情，讓我感覺到，不論是台灣的問題、日本的問題；也不論自己是什麼人、哪國人，我們都可以一起思考，一起解決眼前的問題。如果閱讀此書的各位，也能在台灣與日本之間，發現有如萬華鏡般交互相映的「促咪」，那麼身為作者的我也會非常開心。

開頭的序文，是二〇一八年我在台灣教授協會主辦的研討會上發表的文章，翻譯此文的是研討會策劃人，也是和玉山社淵源頗深的友人劉夏如。現今回想，當初將我加進這真的很精彩的發表群裡，以及一直沿續到現在的緣分，我對夏如的感謝無法盡於言辭。而為了此書，中央大學的胡川安寫了美好的推薦文。我很幸運能擁有如川安一般，能互相理解又超促咪的朋友。

收入本書的二十九篇文章之中，五篇曾連載在網路媒體『WEDGE Infinity』上，受到 WEDGE 的編輯飯尾佳央的照顧，而這部分與後記的翻譯則是一路陪伴我的親愛的彩雯。另外的二十四篇發表於多語媒體『nippon.com』上，對中文版編輯部的野嶋剛、高橋郁文，以及 nippon.com 翻譯小組的各位，我想致上衷心的感謝。此外，對協助採訪的各位，以及永遠支持我寫作的家人，我也感激到無以復加。

最後，要謝謝玉山社魏淑貞總編和蔡明雲副總編，從我在台灣出版第一本書《在台灣尋找 Y 字路》以來，玉山社就像我的「娘家」，是我極為珍惜重視的出版社。這次出書，心情就如同「回娘家」一般。謝謝！

栖來光　二〇二二年　寫於年節期間安靜的台北

國家圖書館出版品預行編目（CIP）資料

台日萬華鏡 / 栖來光著 . -- 第一版 . -- 臺北市 : 玉山社出版事業股份有限公司 , 2022.03

面； 公分

ISBN 978-986-294-300-7(平裝)

1.CST: 文化研究 2.CST: 社會問題 3.CST: 台灣 4.CST: 日本

541.2 110022534

台日萬華鏡

著 · 繪 / 栖來光
發 行 人 / 魏淑貞
出 版 者 / 玉山社出版事業股份有限公司
台北市 106 仁愛路四段 145 號 3 樓之 2
電話 / （02）27753736
傳真 / （02）27753776
電子郵件地址 / tipi395@ms19.hinet.net
玉山社網站網址 / http://www.tipi.com.tw
郵撥 / 18599799 玉山社出版事業股份有限公司

副總編輯 / 蔡明雲
封面設計 / 張巖
行銷企劃 / 黃毓純
業務行政 / 林欣怡

法律顧問 / 魏千峰律師

定價：新台幣 399 元
第一版第一刷：2022 年 3 月